Petra Früh * feingefädelt

# DAS KINDERNÄHBUCH TASCHEN

## 14 Nähprojekte Schritt für Schritt erklärt

COPPENRATH

46

22

76

10

40

20

52

70

# INHALT

 Anfänger mit Vorkenntnissen    Könner mit Näherfahrung   ★★★ Profi mit Fertigkeit

Anfänger

# LADY-CLUTCH

Maße: ca. 21,5 x 11,5 cm

Egal, ob für die großen oder kleinen Ereignisse des Lebens: Diese Clutch ist genau der richtige Begleiter – und mit Sicherheit ein Hingucker!

# DU BRAUCHST

**AUSSENSTOFF (LEDER/KUNSTLEDER):**
Tasche + Klappe
Breite: 110 cm
Menge: 35 cm
**INNENSTOFF (BAUMWOLLSTOFF):**
Tasche + Klappe
Breite: 110 cm
Menge: 35 cm
**VOLUMENVLIES H630:**
Breite: 90 cm
Menge: 30 cm
**STECKVERSCHLUSS**

Maße direkt auf den Stoff aufzeichnen (s. Seite 91).
1 cm Nahtzugabe ist bereits eingerechnet.
**BEACHTE:** Die Richtung des Fadenlaufes ist deine Länge (L).
2 x Außenstoff Tasche (L 14 cm x H 24 cm) **(Stoff liegt doppelt)**
2 x Innenstoff Tasche (L 14 cm x H 24 cm) **(Stoff liegt doppelt)**
1 x Außenstoff Klappe (L 9 cm x H 23 cm) **(Stoff liegt einfach)**
1 x Innenstoff Klappe (L 9 cm x H 23 cm) **(Stoff liegt einfach)**
2 x Volumenvlies Maße Tasche
1 x Volumenvlies Maße Klappe
(Volumenvlies rundherum 1 cm kleiner schneiden)
**Unten siehst du, wie die Schnittteile auf dem Stoff aussehen.**
**Schneide die Stoffteile zu (s. Seite 92).**
**Bügle das Volumenvlies auf den Innenstoff der Tasche und der Klappe (s. Seite 92).**

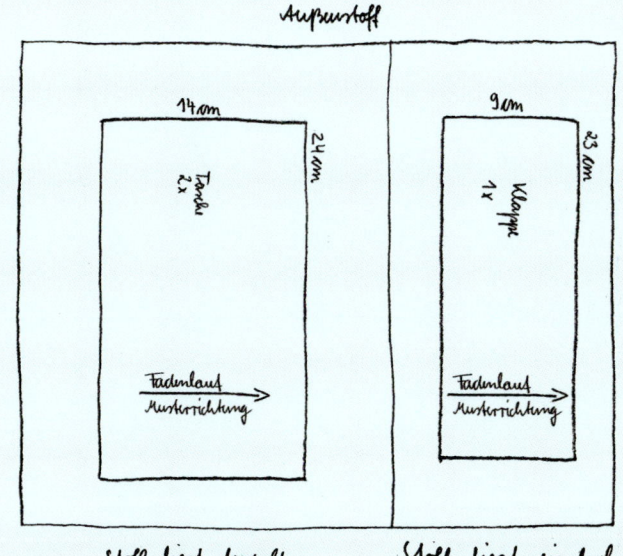

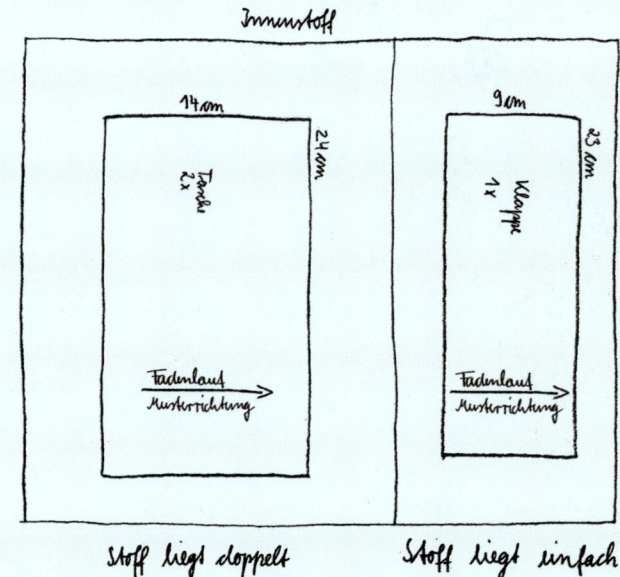

# SO GEHT'S

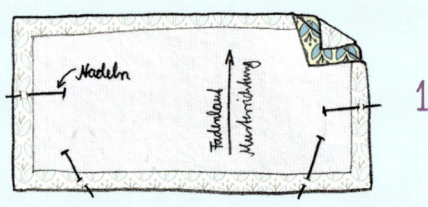

## 1 Klappe nähen

Lege die beiden Stoffteile der Klappe mit den schönen Seiten aufeinander, das Muster zeigt nach oben. Stecke eine lange (unten) und zwei kurze Seiten mit Stecknadeln quer fest (**1**).

Nähe die gesteckten Seiten (Nahtzugabe 1 cm). **Nähe dabei um die Ecke (s. Seite 94)** und vernähe am Anfang und am Ende. **Schneide die Ecken unten schräg ab (s. Seite 94).** Wende die Klappe auf die schöne Seite und bügle sie (nicht auf Kunstleder!).

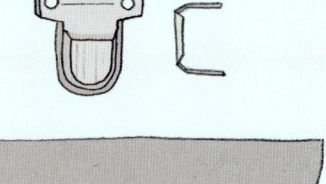

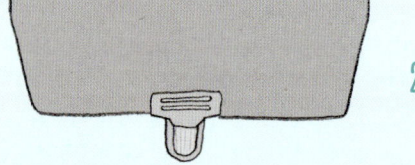

## 2 Verschluss-Schnalle befestigen

Lege die Klappe mit dem Außenstoff vor dich hin. Stecke den oberen Teil des Verschlusses mittig an die genähte Kante auf die Klappe.

Male in die Löcher zwei Punkte. Ziehe den Verschluss wieder ab und schneide vorsichtig die Löcher ein. Bringe, wie auf der Verpackung des Verschlusses angegeben, den Verschluss an (**2**).

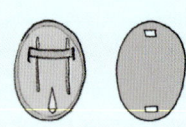

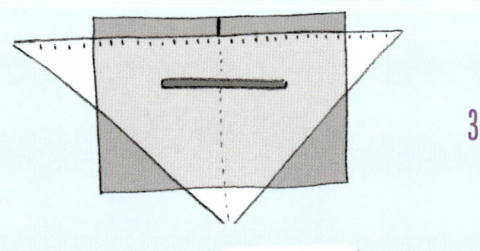

## 3 Verschluss-Öse befestigen

Klappe die beiden Spitzen auf der Rückseite nach oben. Lege ein Teil des Außenstoffs der Tasche mit der schönen Seite vor dich hin. Das Muster zeigt nach oben. Miss mit einem Lineal von einer der schmalen Seiten aus 12 cm und male eine Markierung (**3a**).

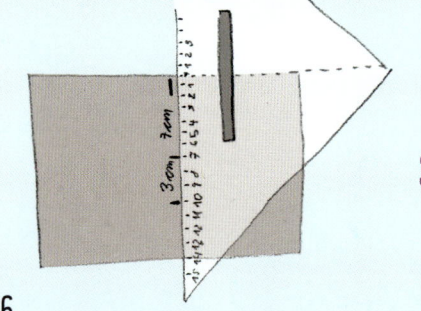

Miss jetzt von dem Strich aus 7 cm nach unten und mache eine Markierung. Miss danach weitere 3 cm und mache noch eine Markierung (**3b**).

Schneide ein kleines Loch in die Markierungen. Bringe, wie auf der Verpackung angegeben, auch diesen Teil des Verschlusses an.

## 4 Vorne nähen

Lege den Teil des Außenstoffs mit dem Verschluss vor dich hin (4a).

Lege ein Teil des Innenstoffs der Tasche auf den Außenstoff der Tasche. Die schönen Seiten liegen aufeinander. Stecke die lange Seite oben (die mit der Markierung) mit Stecknadeln quer fest (4b).

Nähe die gesteckte Seite (Nahtzugabe 1 cm) und vernähe am Anfang und am Ende.

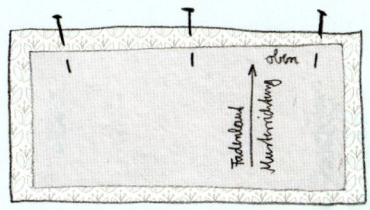

## 5 Hinten nähen

Lege das andere Teil des Außenstoffs der Tasche mit der schönen Seite vor dich hin. Lege die Klappe oben an der langen Kante mittig an. Lege sie so darauf, dass du den Innenstoff der Klappe siehst (5a).

Lege nun das Teil der Innentasche mit der schönen Seite darauf, das Muster zeigt nach oben. Stecke die lange Seite oben mit Stecknadeln quer fest (5b).

Nähe die gesteckte Seite (Nahtzugabe 1 cm) und vernähe am Anfang und am Ende. Klappe beide genähten Stoffteile auf. Bügle die genähten Kanten auf der schönen Seite (nicht auf Kunstleder!).

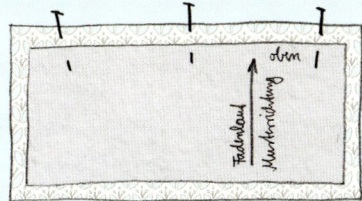

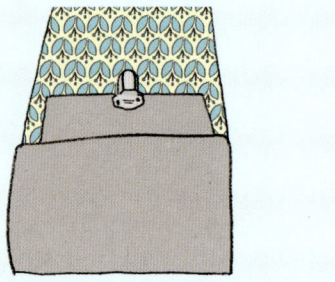

6a

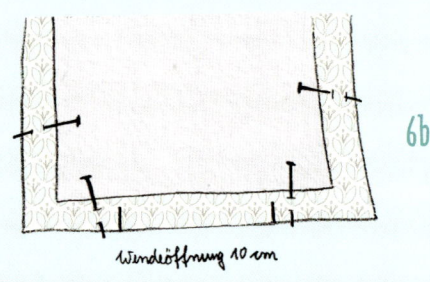

6b

Wendeöffnung 10 cm

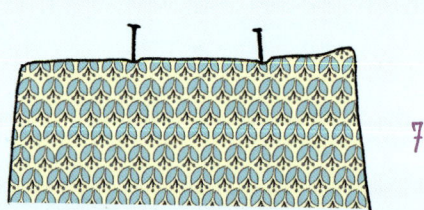

7

## 6 Teile zusammennähen

Lege ein genähtes Teil mit der schönen Seite vor dich hin. Lege das andere genähte Teil mit der schönen Seite darauf (6a). Beachte, dass Innenstoff auf Innenstoff und Außenstoff auf Außenstoff liegt.

Stecke alle vier Seiten mit Stecknadeln quer fest (6b). Markiere dir auf dem Innenstoff eine Wendeöffnung (ca. 10 cm).

Nähe die gesteckten Seiten (Nahtzugabe 1 cm). Beginne an der Wendeöffnung. Die Wendeöffnung bleibt offen. **Nähe dabei um die Ecke (s. Seite 94)** und vernähe am Anfang und am Ende. **Schneide die Ecken schräg ab (s. Seite 94).**

## 7 Wendeöffnung schließen

Wende über die Wendeöffnung. Bügle die Nahtzugabe der Wendeöffnung nach innen. Stecke sie mit zwei Stecknadeln fest (7).

Nähe die Wendeöffnung so nah wie möglich am Rand zu. Schiebe die Innentasche in die Außentasche.

**Fertig!**

# COOLE SCHULTERTASCHE

Maße: ca. 35 x 35 cm

Könner

Hey! Freche Mädels aufgepasst. So cool können Schulsachen getragen werden – oder alles, was man sonst so braucht.

# DU BRAUCHST

**AUSSENSTOFF (LEDER/KUNSTLEDER):**
Tasche + Klappe
Breite: 110 cm
Menge: 90 cm
**INNENSTOFF (BAUMWOLLSTOFF):**
Tasche + Klappe + Gurt
Breite: 110 cm
Menge: 115 cm
**BÜGELVLIES: H250**
Breite: 90 cm
Menge: 100 cm

Maße direkt auf den Stoff aufzeichnen (s. Seite 91).
1 cm Nahtzugabe ist bereits eingerechnet.
**BEACHTE:** Die Richtung des Fadenlaufes ist deine Länge (L).
2 x Außenstoff Tasche (L 39 cm x H 49 cm) **(Stoff liegt doppelt)**
2 x Innenstoff Tasche (L 39 cm x H 49 cm) **(Stoff liegt doppelt)**
1 x Außenstoff Klappe (L 39 cm x H 36 cm) **(Stoff liegt einfach)**
1 x Innenstoff Klappe (L 39 cm x H 36 cm) **(Stoff liegt einfach)**
1 x Innenstoff Gurt (L 16 cm x H 50 cm) **(Stoff liegt doppelt, im Stoffbruch)**
2 x Bügelvlies Maße Tasche
1 x Bügelvlies Maße Klappe
(Bügelvlies rundherum 1 cm kleiner schneiden)
**Unten siehst du, wie die Schnittteile auf dem Stoff aussehen.**
**Schneide die Stoffteile zu (s. Seite 92).**
**Bügle das Bügelvlies auf den Außenstoff der Tasche und der Klappe (s. Seite 93), bei Kunstleder auf den Innenstoff.**

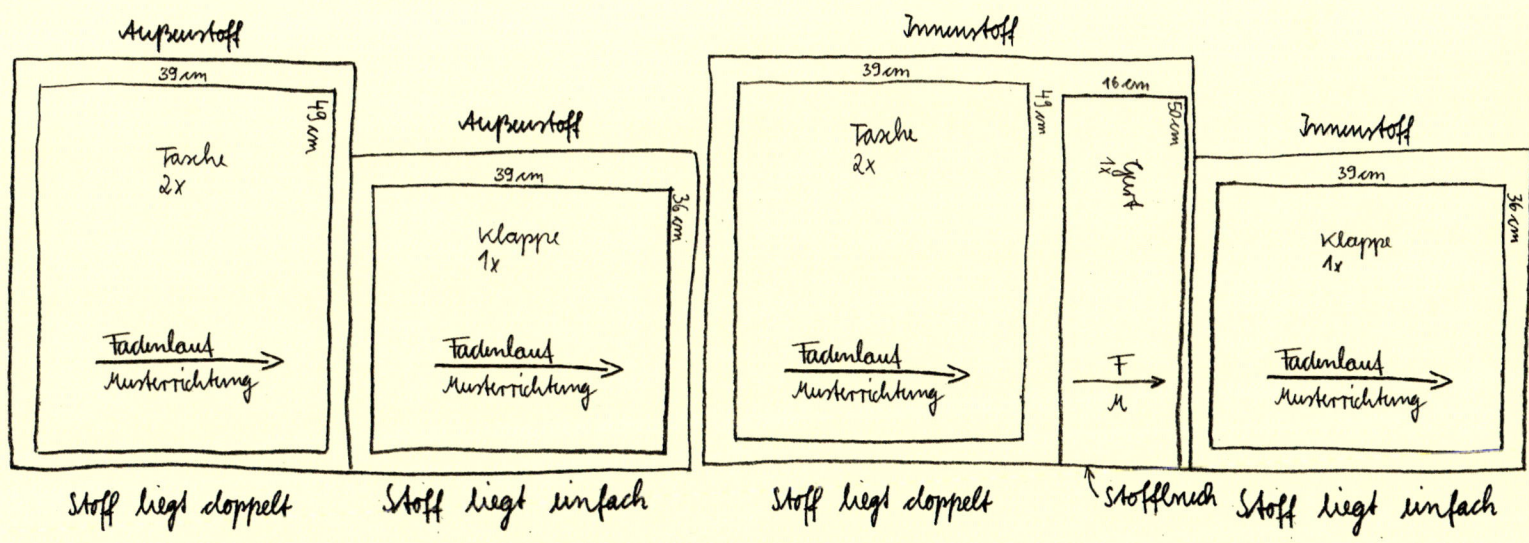

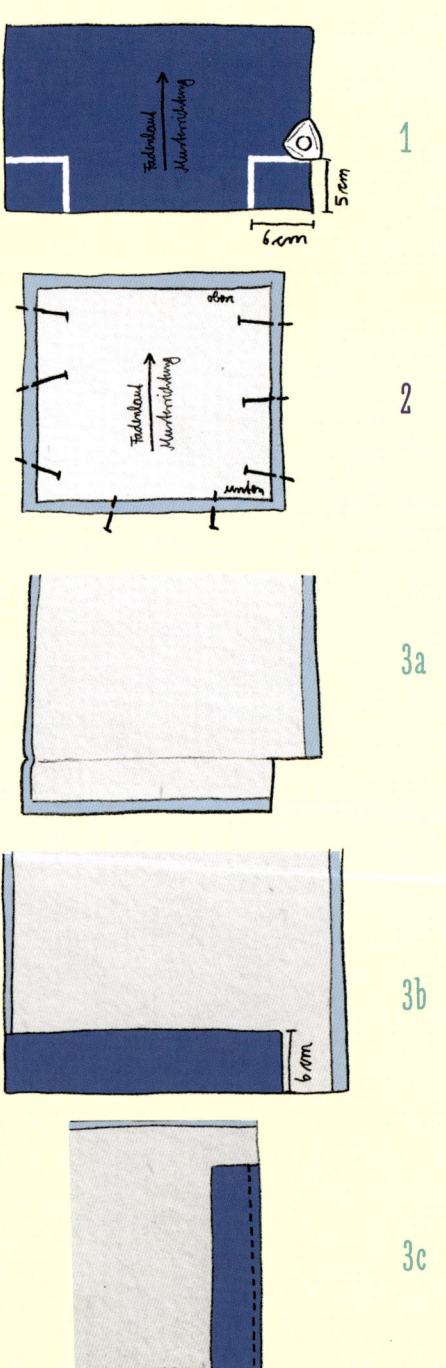

# 1 Boden einzeichnen und ausschneiden

Lege ein Stoffteil der Außentasche vor dich hin (Muster zeigt nach oben). Zeichne unten rechts und links ein Rechteck mit der Größe 6 x 5 cm ein (**1**).

Schneide die Rechtecke aus. Mache dies ebenfalls mit den Stoffteilen der Innentasche und dem zweiten Teil der Außentasche.

# 2 Klappe nähen

Lege den Außenstoff und den Innenstoff der Klappe mit den schönen Seiten aufeinander. Das Muster zeigt nach oben. Stecke drei Seiten mit Stecknadeln quer fest (die obere Seite bleibt offen) (**2**).

Nähe die gesteckten Seiten (1 cm Nahtzugabe). **Nähe dabei um die Ecke (s. Seite 94)** und vernähe am Anfang und am Ende. **Schneide die Ecken unten schräg ab (s. Seite 94).** Wende und bügle die Klappe (nicht auf Kunstleder).

# 3 Kanten nähen

Lege ein Teil der Außentasche mit der nicht schönen Seite vor dich hin. Drehe es hochkant, so dass nur eine Ecke unten ist (**3a**). Schlage unten den Stoff 6 cm um und bügle ihn (**3b**). (Bei Kunstleder nicht bügeln.) Nähe füßchenbreit die umgeschlagene Kante (**3c**) und vernähe am Anfang und am Ende. Mache das Gleiche auf der anderen Seite, mit dem zweiten Teil der Außentasche und mit den beiden Innenstoffen.

## 4 Außentasche nähen

Lege beide Teile der Außentasche mit der schönen Seite aufeinander, das Muster zeigt nach oben. Schlage vorher den genähten Umschlag wieder zurück. Stecke drei Seiten mit Stecknadeln quer fest (4a), die obere Seite bleibt offen. Die Ecken steckst und nähst du nicht.

Nähe die drei Seiten (Nahtzugabe 1 cm) und vernähe am Anfang und am Ende. Mache das Gleiche mit den beiden Teilen des Innenstoffs. Markiere dir hier aber eine Wendeöffnung von ca. 18 cm (4b). Die Wendeöffnung wird nicht zugenäht. Vernähe am Anfang und am Ende.

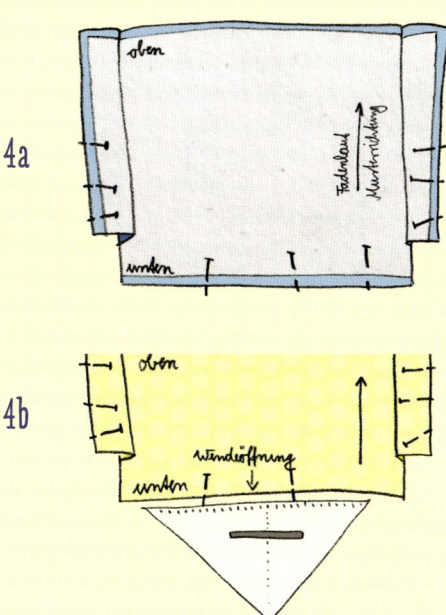

4a

4b

## 5 Boden nähen

**Nähe nun bei beiden Taschen den Boden (s. Seite 93).**

## 6 Gurt nähen

**Nähe den Gurt (s. Seite 95).**

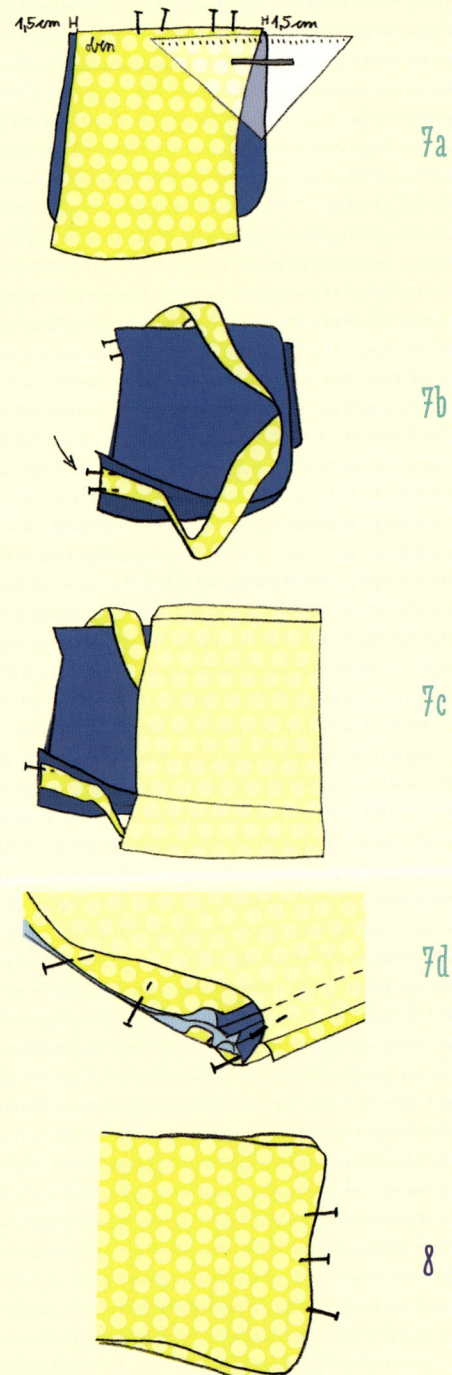

7a

7b

7c

7d

8

## 7 Tasche nähen

Wende die Tasche mit dem Außenstoff auf die schöne Seite. Lege sie vor dich hin. Oben ist sie offen. Nimm die Klappe und lege sie oben mittig auf die Tasche. Du siehst den Innenstoff der Klappe. Stecke sie mit ein paar Stecknadeln oben mit der offenen Kante an der Kante der Außentasche fest (7a). Aber nur an einer Seite, du musst in die Tasche hineingreifen können.

Nimm den Gurt und stecke ihn rechts und links an der Seite mittig fest (7b). Pass auf, dass er sich nicht verdreht.

Schiebe jetzt die Tasche mit dem Innenstoff über die Tasche des Außenstoffs, bis die Kanten sich treffen (7c).

Stecke Innentasche und Außentasche rundherum mit Stecknadeln fest. Beginne mit den Nadeln des Gurtes und der Klappe. Ziehe dabei die Nadeln an Gurt und Klappe vorsichtig heraus und stecke sie durch alle drei Stoffe (7d). Du kannst am Ende in die Tasche hineingreifen.

Nähe mit Freiarm die gesteckte Kante einmal rundherum. Vernähe am Ende.

## 8 Wendeöffnung schließen

Wende die Tasche über die Wendeöffnung. Bügle die Nahtzugabe der Wendeöffnung nach innen. Stecke sie mit einigen Nadeln quer fest (8).

Nähe die Wendeöffnung so nah wie möglich am Rand zu. Schiebe die Innentasche in die Außentasche.

## Fertig!

KLEINE
REPORTERTASCHE

Maße: ca. 24 x 24 cm

Anfänger

Für kleine Weltentdecker und Lebensforscher, um die wichtigen Dinge immer dabeizuhaben.
Bitte lächeln!

# DU BRAUCHST

**AUSSENSTOFF (BAUMWOLLSTOFF):**
Tasche + Klappe
Breite: 110 cm
Menge: 60 cm

**INNENSTOFF (BAUMWOLLSTOFF):**
Tasche + Klappe
Breite: 110 cm
Menge: 60 cm

**GURT:**
Maße: B 3 cm/L 1 m

**BÜGELVLIES: H250**
Breite: 90 cm
Menge: 35 cm

**STECKVERSCHLUSS**

Maße direkt auf den Stoff aufzeichnen (s. Seite 91).
1 cm Nahtzugabe ist bereits eingerechnet.
**BEACHTE:** Die Richtung des Fadenlaufes ist deine Länge (L).
2 x Außenstoff Tasche (L 26 cm x H 27 cm) **(Stoff liegt doppelt)**
2 x Innenstoff Tasche (L 26 cm x H 27 cm) **(Stoff liegt doppelt)**
1 x Außenstoff Klappe (L 22 cm x H 21 cm) **(Stoff liegt einfach)**
1 x Innenstoff Klappe (L 22 cm x H 21 cm) **(Stoff liegt einfach)**
2 x Bügelvlies Maße Tasche
1 x Bügelvlies Maße Klappe
(Bügelvlies rundherum 1 cm kleiner schneiden)
**Unten siehst du, wie die Schnittteile auf dem Stoff aussehen.**
**Schneide die Stoffteile zu (s. Seite 92).**
**Bügle das Bügelvlies auf den Außenstoff der Tasche und der Klappe (s. Seite 93).**

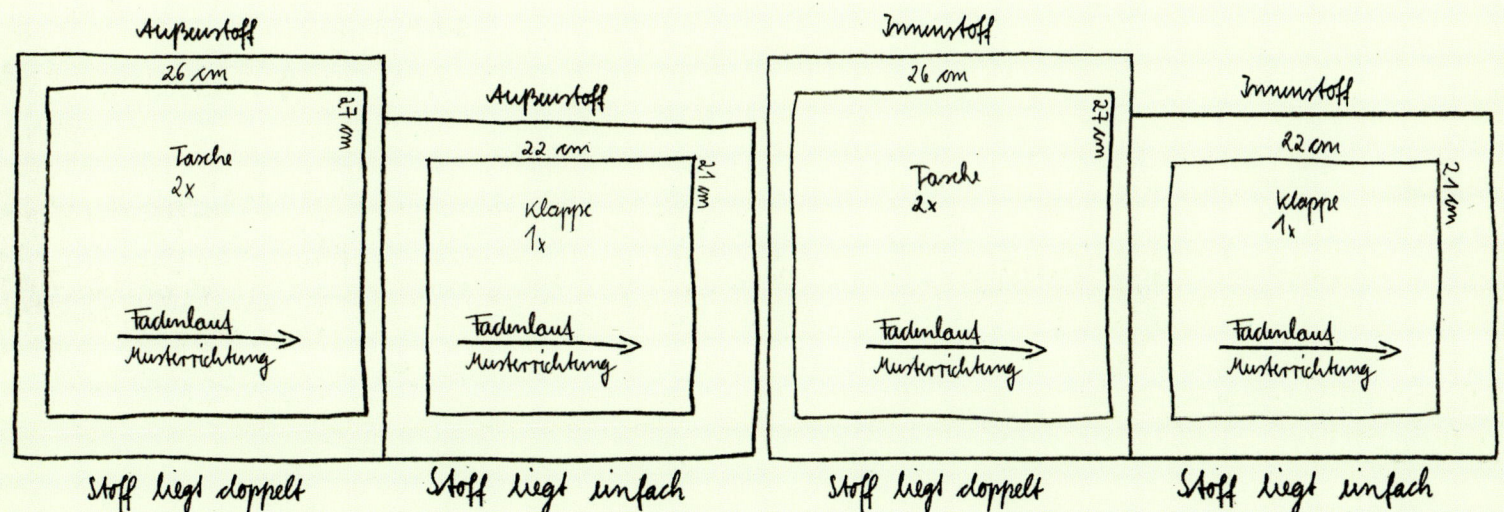

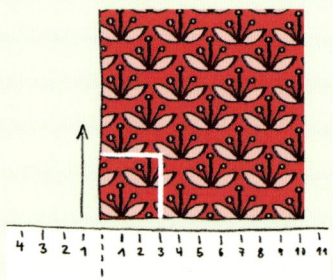

1a

### 1 Boden ausschneiden

Lege ein Stoffteil der Außentasche mit der schönen Seite vor dich hin. Das Muster zeigt nach oben. Zeichne unten rechts und links ein Quadrat mit der Größe 3 x 3 cm ein (1a). Schneide die Quadrate aus (1b).

Mache dies mit allen Stoffteilen (außer der Klappe).

1b

### 2 Klappe nähen

Lege die beiden Stoffteile der Klappe mit den schönen Seiten aufeinander. Das Muster zeigt nach oben. Stecke sie unten und an den Seiten mit Stecknadeln quer fest (2). Nähe die gesteckten Seiten (Nahtzugabe 1 cm). **Nähe dabei um die Ecke (s. Seite 94)** und vernähe am Anfang und am Ende. **Schneide die Ecken unten schräg ab (s. Seite 94).** Wende die Klappe auf die schöne Seite und bügle sie.

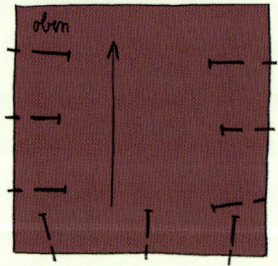

2

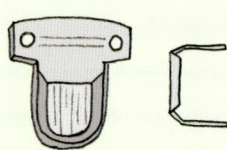

### 3 Verschluss-Schnalle anbringen

Lege die Klappe mit dem Außenstoff vor dich hin. Stecke den oberen Teil des Verschlusses mittig an die genähte Kante auf die Klappe. Male in die Löcher zwei Punkte (3). Ziehe den Verschluss wieder ab und schneide vorsichtig zwei Löcher ein. Bringe, wie auf der Verpackung des Verschlusses angegeben, den Verschluss an.

3

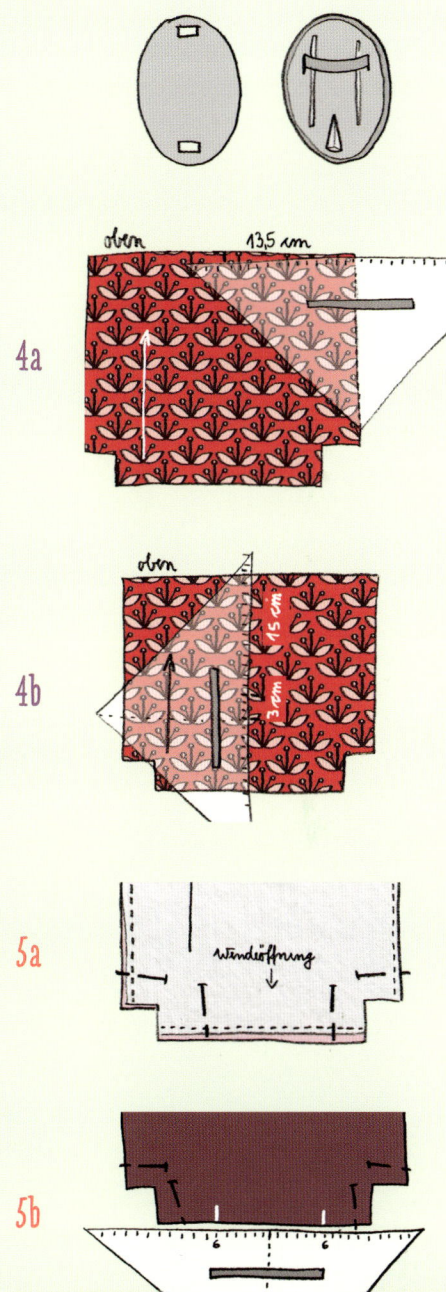

## 4 Verschluss-Öse anbringen

Klappe die beiden Spitzen auf der Rückseite nach oben. Lege ein Teil des Außenstoffs der Tasche mit der schönen Seite vor dich hin. Miss mit einem Lineal von einer Seite aus 13,5 cm und male eine Markierung (4a).

Miss jetzt von dem Strich aus 15 cm nach unten und male einen Punkt. Miss noch mal 3 cm und male wieder einen Punkt (4b).

Schneide ein kleines Loch in die Punkte. Bringe, wie auf der Verpackung des Verschlusses angegeben, auch diesen Teil des Verschlusses an.

## 5 Außentasche nähen

Lege die Stoffteile der Außentasche mit den schönen Seiten aufeinander. Das Muster zeigt nach oben. Stecke drei Seiten mit Stecknadeln quer fest, die obere Seite bleibt offen. Die Ecken steckst und nähst du nicht (5a).

Nähe die drei Seiten (Nahtzugabe 1 cm) und vernähe am Anfang und am Ende. Mache das Gleiche mit den Stoffteilen der Innentasche. Markiere dir hier eine Wendeöffnung (ca. 12 cm) (5b). Die Wendeöffnung wird nicht zugenäht. Vernähe am Anfang und am Ende.

## 6 Boden nähen

**Nähe nun den Boden (s. Seite 93).**

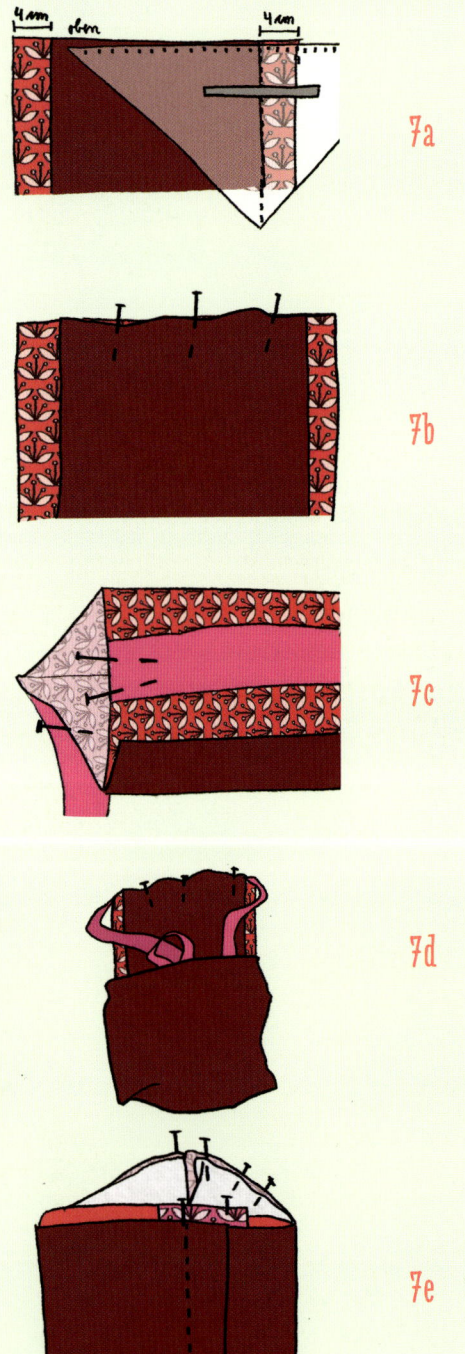

7a

7b

7c

7d

7e

## 7 Tasche nähen

Wende die Tasche mit dem Außenstoff auf die schöne Seite. Lege sie mit der Seite ohne den Verschluss vor dich hin. Nimm die Klappe und lege sie oben mittig auf die Tasche (je 4 cm rechts und links von der Seite gemessen) (7a). Die offene Kante der Klappe liegt auf der Kante der Tasche. Du siehst den Innenstoff der Klappe.

Stecke die Klappe an die Außentasche (7b). Aber nur durch den Stoff, auf dem die Klappe liegt. Du musst noch in die Tasche hineingreifen können.

Nimm den Gurt und stecke ihn rechts und links an der Seite fest – mittig auf der Naht (7c).

Schiebe jetzt die Tasche mit dem Innenstoff über die Tasche des Außenstoffs – bis die Kanten sich treffen (7d).

Stecke Innentasche und Außentasche rundherum mit Stecknadeln fest. Beginne mit den Nadeln des Gurtes und der Klappe. Ziehe dabei die Nadeln nach und nach an Gurt und Klappe vorsichtig heraus und stecke sie durch alle drei Stoffe. Du musst in die Tasche hineingreifen können (7e).

Nähe mit Freiarm die gesteckte Kante einmal rundherum. Vernähe am Ende.

## 8 Wendeöffnung schließen

Wende die Tasche über die Wendeöffnung. Bügle die Nahtzugabe der Wendeöffnung nach innen. Stecke sie mit einigen Nadeln quer fest (8).

Nähe die Wendeöffnung so nah wie möglich am Rand zu. Schiebe die Innentasche in die Außentasche.

### Fertig!

8

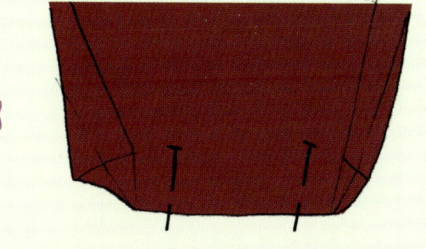

# SCHICKER STERNCHEN-SHOPPER

Maße groß: ca. 20,5 x 29 x 31,5 cm

Profi

Sommer ist das ganze Jahr – mit Eis, guter Musik und Flausen im Kopf.
Diese Tasche in drei Größen sorgt immer und überall für gute Laune.

# DU BRAUCHST

**Groß/Mittel/Klein:**
**AUSSENSTOFF (BAUMWOLLSTOFF):**
Tasche
Breite: 140/110/110 cm
Menge: 55/45/30 cm
**INNENSTOFF (BAUMWOLLSTOFF):**
Tasche + Henkel
Breite: 140/140/110 cm
Menge: 90/80/30 cm
**BÜGELVLIES: H250**
Breite: 90/90/90 cm
Menge: 100/55/30 cm
**GGF. 2 WEBBÄNDER:**
Länge: 70 cm
Breite: 1 cm

Maße direkt auf den Stoff aufzeichnen (s. Seite 91).
1 cm Nahtzugabe ist bereits eingerechnet.
**BEACHTE:** Die Richtung des Fadenlaufes ist deine Länge (L).
2 x Außenstoff Tasche (L 44 cm x H 52 cm) **(Stoff liegt doppelt)**
2 x Innenstoff Tasche (L 44 cm x H 52 cm) **(Stoff liegt doppelt)**
2 x Innenstoff Henkel (L 12 cm x H 67 cm) **(Stoff liegt doppelt, im Stoffbruch)**
2 x Bügelvlies Maße Tasche
(Bügelvlies rundherum 1 cm kleiner schneiden)
**Unten siehst du, wie die Schnittteile auf dem Stoff aussehen.**
**Schneide die Stoffteile zu (s. Seite 92).**
**Bügle das Bügelvlies auf den Außenstoff der Tasche (s. Seite 93).**

## Tipp:

Die Tasche kannst du dir in drei Größen nähen. Egal, welche du wählst, arbeite genau nach Anleitung. Die Maße und den Zuschneideplan für die kleine und mittlere Tasche findest du auf der Seite 27.

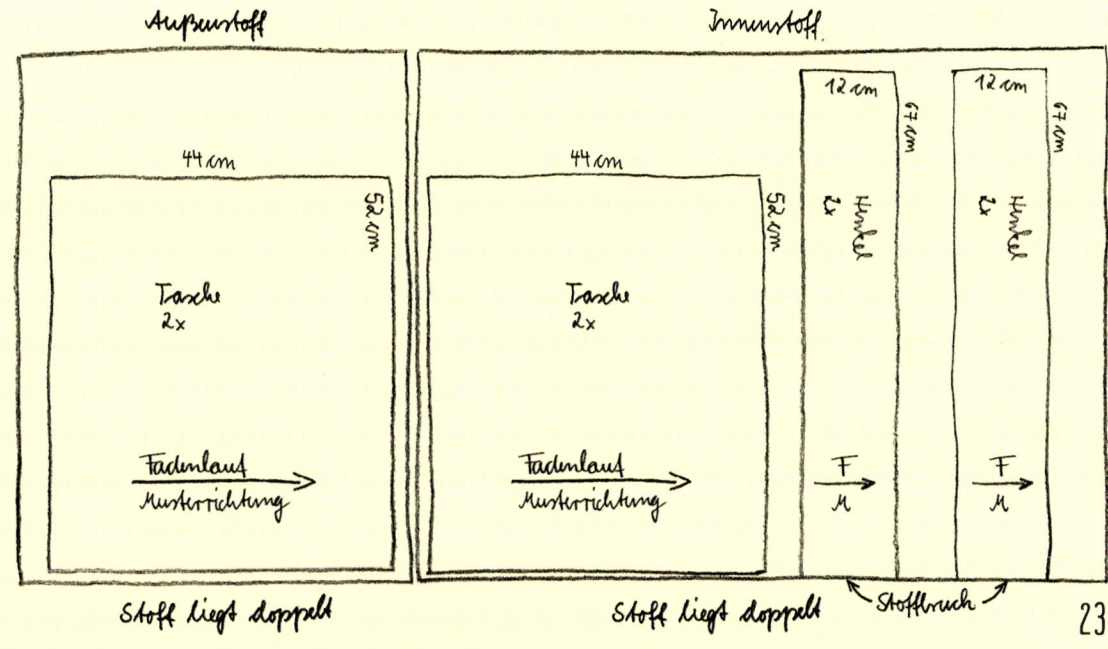

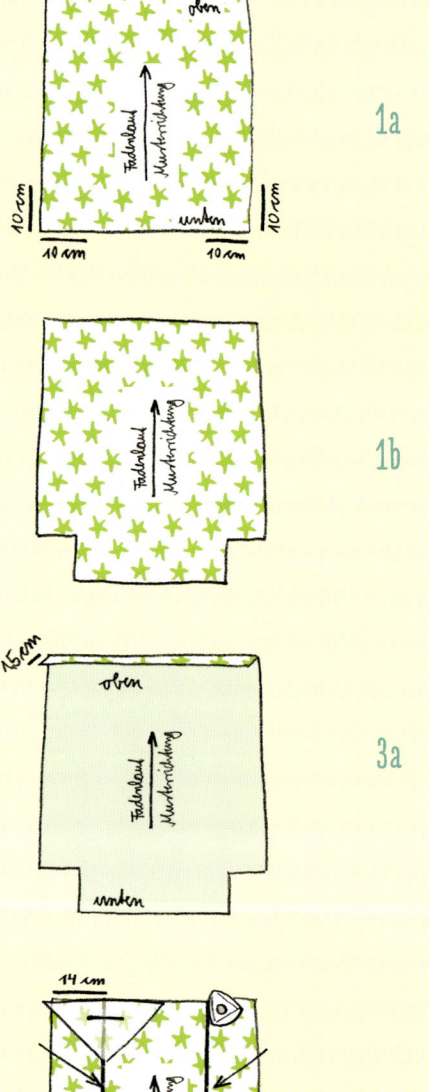

1a

1b

3a

3b

### 1 Boden einzeichnen und ausschneiden

Lege ein Teil der Außentasche mit der schönen Seite vor dich hin. Das Muster zeigt nach oben. Zeichne unten rechts und links ein Quadrat ein: bei der großen und mittleren Tasche 10 x 10 cm **(1a)**, bei der kleinen Tasche 5 x 5 cm.

Schneide die Quadrate aus **(1b)**. Mache dies ebenfalls mit den drei anderen Taschenteilen.

### 2 Henkel bügeln

**Bügle die Henkel wie auf Seite 95 beschrieben.** Nähe sie aber nicht! Bei der kleinen Tasche nimmst du einfach das Webband als Henkel.

### 3 Henkel stecken

Nimm ein Teil der Außentasche und lege es mit der nicht schönen Seite vor dich hin. Bügle die Kante oben 1,5 cm um **(3a)**.

Mache das Gleiche mit den anderen Taschenteilen. Lege ein Teil der Außentasche mit der schönen Seite vor dich hin. Miss mit einem Lineal rechts und links 14 cm ab (13 cm bei der mittleren Tasche und 8 cm bei der kleinen) und mache dort einen Strich von oben nach unten **(3b)**. Lege den Henkel an den Strichen entlang auf den Stoff.

Achte darauf, dass der Henkel oben nicht verdreht ist. Stecke ihn mit einigen Nadeln längs an der Außentasche (3c) fest.

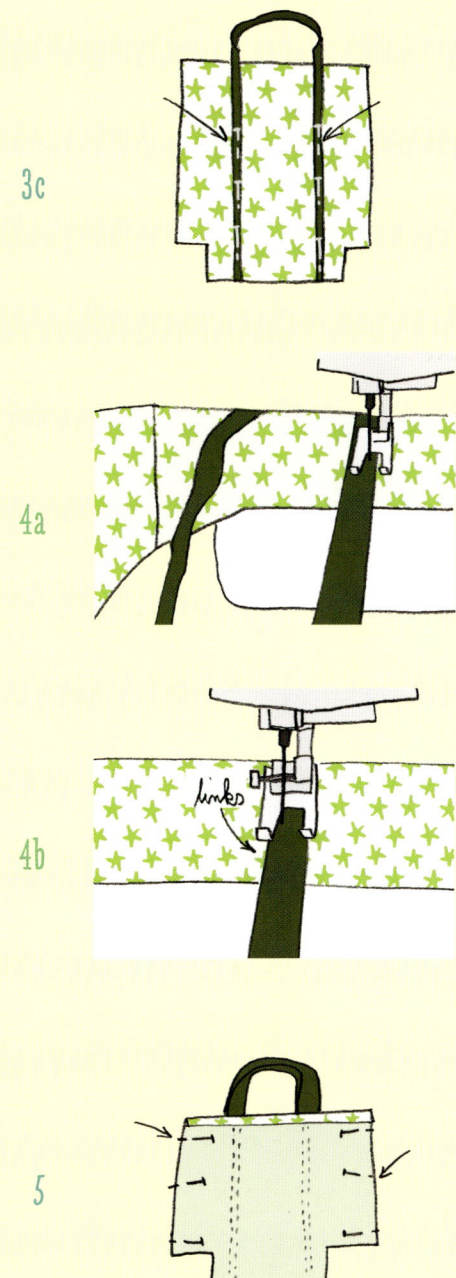

3c

## 4 Henkel aufnähen

Nähe die Henkel mit einer Nahtzugabe von 0,5 cm auf jeder Seite an den Stoff (bei der mittleren Tasche ebenfalls 0,5 cm Nahtzugabe, bei der kleinen 0,2 cm) (4a).

Beginne dabei unten und nähe bis zur oberen gebügelten Kante. Dort nähst du über die Kante hinaus, so dass du nun nur auf dem Henkel nähst. Nähe weiter, bis du erneut über die gebügelte Kante und wieder auf dem Stoff nähst. Nähe weiter, bis du wieder an der unteren Seite der Tasche angekommen bist. Nähe die andere Seite des Henkels genauso an (4b).

Mache das Gleiche mit dem anderen Teil der Außentasche und dem zweiten Henkel.

4a

4b

## 5 Tasche nähen

Lege den Außenstoff der Tasche mit den schönen Seiten aufeinander, das Muster zeigt nach oben. Stecke den Stoff unten und an den Seiten mit Stecknadeln quer fest (5).

Nähe die gesteckten Seiten (Nahtzugabe 1 cm). Aber nähe dabei nicht die Ecken und vernähe am Anfang und am Ende. Mache das Gleiche mit den Teilen der Innentasche.

5

7a

7b

## 6 Taschenboden nähen
**Nähe nun bei beiden Taschen den Boden (s. Seite 93).**

## 7 Taschenrand nähen
Wende die Außentasche auf die schöne Seite und schiebe die Innentasche in die Außentasche (**7a**).

Die gebügelten Kanten liegen jetzt aufeinander: Innenstoff auf Außenstoff. Stecke sie mit ein paar Stecknadeln längs fest (**7b**).

Nähe mit Freiarm einmal rundherum (Nahtzugabe 1 cm). Achte drauf, dass du die Henkel unter deinem Nähfüßchen durchschiebst – sonst nähst du sie an den Stoff. Ziehe beim Nähen die Nadeln. Vernähe am Ende.

### Fertig!

### Tipp:
Du kannst die Tasche auch in mittlerer Größe (20 x 22 x 23,5 cm) oder kleiner Größe (10 x 15 x 12,5 cm) nähen. Die Maße dafür findest du rechts. Bei der kleinen Tasche werden die Henkel durch Webbänder ersetzt.

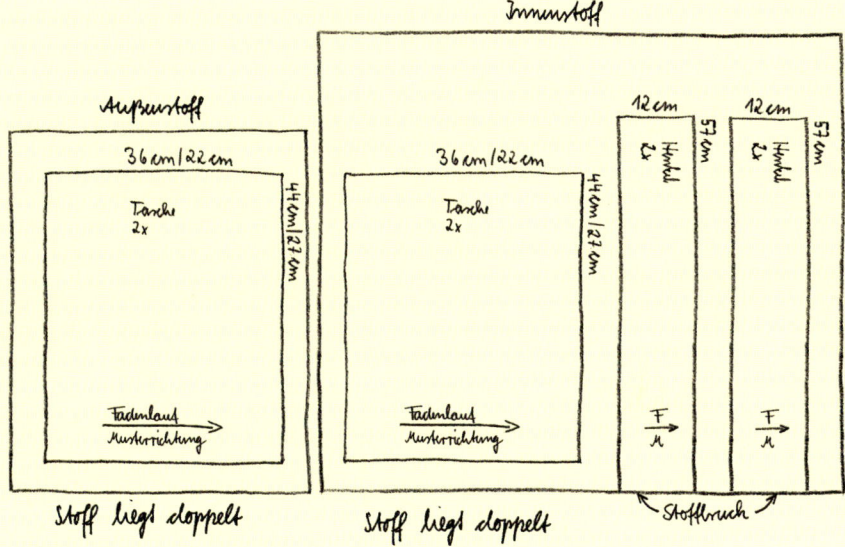

Innenstoff

Außenstoff

36cm/22cm

Tasche
2x

44cm/27cm

Fadenlauf
Musterrichtung

Stoff liegt doppelt

36cm/22cm

Tasche
2x

44cm/27cm

Fadenlauf
Musterrichtung

Stoff liegt doppelt

12cm

Henkel
2x

57cm

12cm

Henkel
2x

57cm

F
M

F
M

Stoffbruch

**MASSE MITTLERE TASCHE:**
2 x Außenstoff (L 36 x H 44 cm)
2 x Innenstoff (L 36 x H 44 cm)
2 x Innenstoff Henkel (L 12 cm x H 57 cm)
Bügelvlies 2 x Maße Tasche

**MASSE KLEINE TASCHE:**
2 x Außenstoff (L 22 x H 27 cm)
2 x Innenstoff (L 22 x H 27 cm)
2 x Bänder (L 70 cm x H 1 cm)
Bügelvlies 2 x Maße Tasche

# AHOI-AHOI-SEESACK

Maße: ca. 25 x 44 cm

Profi

*Locker über die Schulter geworfen ist nix im Weg und alles parat – für Landmäuse und Meerkinder.*

## DU BRAUCHST

**AUSSENSTOFF (BAUMWOLLSTOFF):**
Seesack + Boden
Breite: 110 cm
Menge: 90 cm
**INNENSTOFF (BAUMWOLLSTOFF):**
Seesack + Tunnel + Außentasche
+ Schlaufe + Boden
Breite: 110 cm
Menge: 135 cm
**KORDEL:**
Durchmesser: 1 cm
Länge: 1,70 m
**BÜGELVLIES: H250**
Breite: 90 cm
Menge: 80 cm

Schnittteil „Boden" auf Schnittmusterbogen B
Übertrage das Schnittteil „Boden" auf Folie (s. Seite 90). Übertrage die Markierungen auf dem Boden als Einschnitte in den Stoff (s. Seite 91). Übertrage alle anderen Maße direkt auf den Stoff (s. Seite 91).
1 cm Nahtzugabe ist bereits eingerechnet.
**BEACHTE:** Die Richtung des Fadenlaufes ist deine Länge (L).
2 x Außenstoff Seesack (L 42 cm x H 44 cm) **(Stoff liegt doppelt)**
2 x Innenstoff Seesack (L 42 cm x H 44 cm) **(Stoff liegt doppelt)**
1 x Außenstoff Boden (Schnittteil) **(Stoff liegt einfach)**
1 x Innenstoff Boden (Schnittteil) **(Stoff liegt einfach)**
1 x Innenstoff Schlaufe (L 10 cm x H 18 cm) **(Stoff liegt einfach)**
2 x Innenstoff Tunnel (L 10 cm x H 44 cm) **(Stoff liegt einfach)**
4 x Innenstoff Außentasche (L 20 cm x H 44 cm) **(Stoff liegt doppelt)**
2 x Bügelvlies Maße Seesack
1 x Bügelvlies Boden
(Bügelvlies rundherum 1 cm kleiner schneiden)
**Unten siehst du, wie die Schnittteile auf dem Stoff aussehen.**
**Schneide die Stoffteile zu (s. Seite 92).**
**Bügle das Bügelvlies auf den Innenstoff des Seesacks und des Bodens (s. Seite 93).**

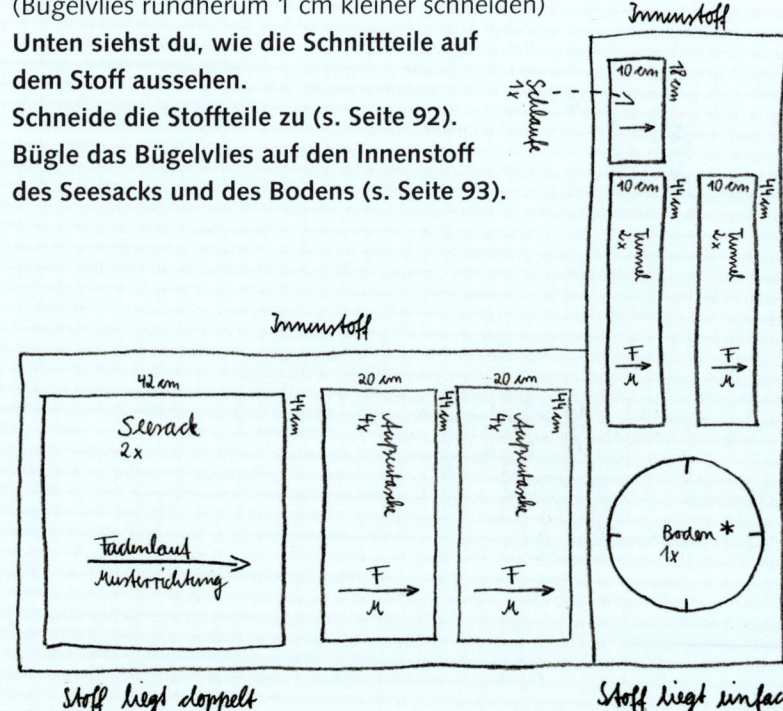

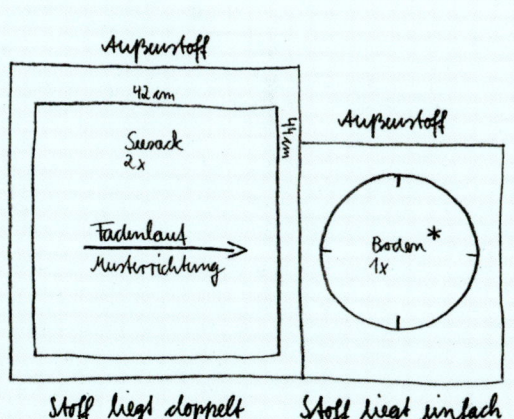

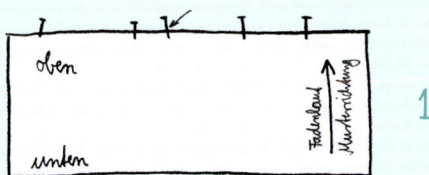

1a

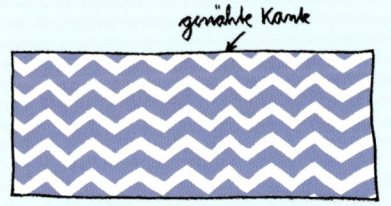

1b

1c

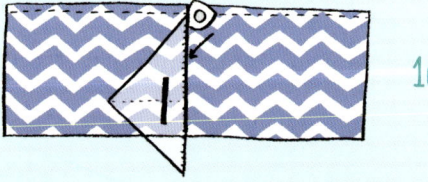

1d

1e

## 1 Außentasche nähen

Lege zwei Teile der Außentasche mit den schönen Seiten aufeinander. Das Muster zeigt nach oben. Stecke die lange Seite oben mit Stecknadeln quer fest (1a).

Nähe die gesteckte Seite (Nahtzugabe 1 cm). Mache das Gleiche mit den anderen beiden Teilen der Außentasche. Schlage beide genähten Stoffe auf und bügle sie auf der schönen Seite. Schlage sie ein weiteres Mal um (du siehst die schöne Seite) und bügle die genähte Kante (1b).

Nähe bei beiden Teilen der Außentasche an der geschlossenen Kante füßchenbreit entlang (1c). Vernähe am Anfang und am Ende.

Miss auf beiden Teilen der Außentasche von der Seite 22 cm bis zur Mitte und male einen senkrechten Strich (1d).

Lege ein Teil des Außenstoffs des Seesacks mit der schönen Seite vor dich hin. Das Muster zeigt nach oben. Lege eine Außentasche unten an (1e). Die offene Kante der Außentasche liegt unten.

Stecke die Außentasche mit zwei Nadeln an den Außenstoff des Seesacks, damit er nicht verrutscht. Nähe genau auf dem Strich einmal herunter. Vernähe am Anfang und am Ende. Mache das Gleiche mit dem anderen Außenstoff des Seesacks und der anderen Außentasche.

## 2 Tunnel nähen

Lege ein Teil des Tunnels mit der nicht schönen Seite vor dich hin. Bügle die kurzen Seiten 1,5 cm um (2a). Nähe die gebügelten Kanten (Nahtzugabe 1 cm) und vernähe am Anfang und am Ende.

Schlage den Stoff jetzt längs um, bis die Kanten aufeinanderliegen, und bügle ihn (2b).

Mache das Gleiche mit dem anderen Tunnel.

## 3 Seesack nähen

Lege ein Teil des Außenstoffs des Seesacks mit der schönen Seite vor dich hin. Das Muster zeigt nach oben. Lege den Tunnel oben am Rand des Seesacks mittig an. Die offenen Kanten liegen aufeinander (3a).

Lege auf den Außenstoff und den Tunnel ein Innenstoffteil des Seesacks. Die schönen Seiten liegen aufeinander. Das Muster zeigt nach oben. Stecke die Seite oben mit Stecknadeln quer fest (3b).

Nähe die gesteckte Seite und vernähe am Anfang und am Ende. Mache das Gleiche mit dem anderen Außen- und Innenstoffteil des Seesacks und dem anderen Tunnel.

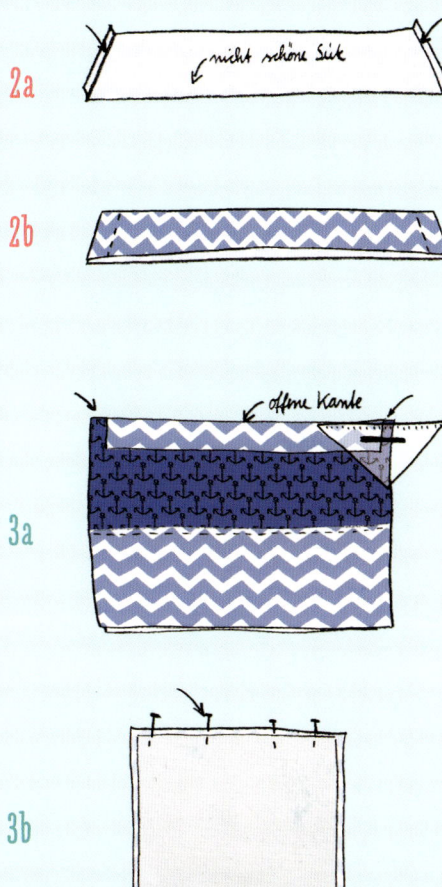

2a — nicht schöne Siit

2b

3a — offene Kante

3b

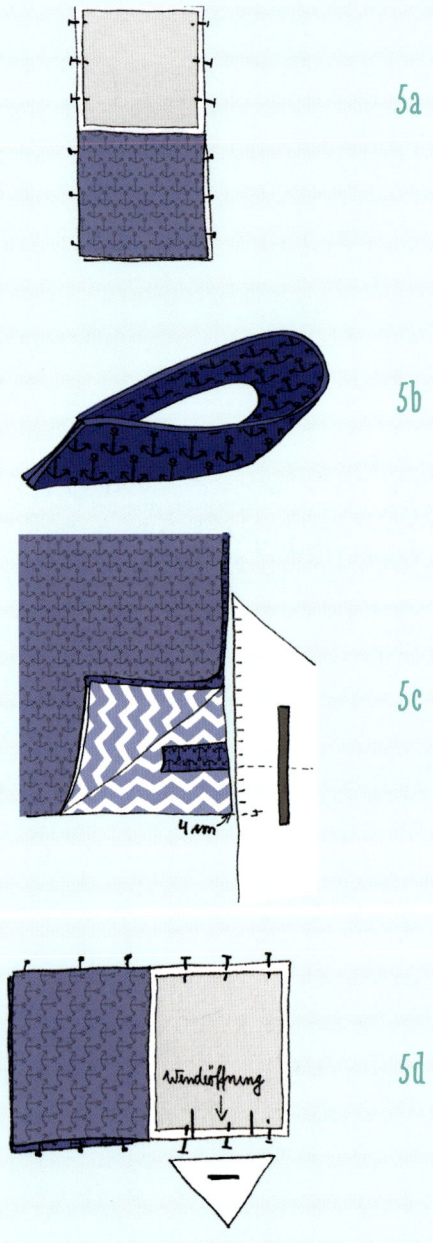

5a

5b

5c

5d

## 4 Schlaufe nähen

**Nähe die Schlaufe (s. Seite 95).**

## 5 Schlaufe an Seesack nähen

Schlage die genähten Stoffteile auf und bügle sie auf der schönen Seite. Lege sie mit den schönen Seiten aufeinander. Dabei liegt der Außenstoff aufeinander und der Innenstoff aufeinander. Stecke die Seiten rechts und links mit Stecknadeln quer fest (5a).

Klappe die Schlaufe mit den offenen Seiten aufeinander (5b).

Schlage unten am Außenstoff an einer Seite eine Kante auf. Lege die Schlaufe zwischen die beiden Außenstoffe ein (ca. 4 cm von unten gemessen) (5c). Die geschlossene Seite zeigt nach innen.

Schlage den Stoff wieder zurück und stecke alles fest. Markiere dir eine Wendeöffnung an einer Seite auf dem Innenstoff (ca. 15 cm) (5d).

Die Wendeöffnung wird nicht zugenäht. Nähe die gesteckten Seiten (Nahtzugabe 1 cm) und vernähe am Anfang und am Ende.

32

## 6 Boden nähen

Lege den genähten Seesack vor dich hin. Das Muster
zeigt nach oben. Miss unten von einer Seite 22 cm in
Richtung Mitte und mache mit Kreide einen kleinen Strich
**(6a)**. Schneide an dem Strich 0,5 cm in beide Stofflagen
ein. Mache das Gleiche auf dem Innenstoff des Seesacks.

Nimm den Außenstoff des Bodens. Lege eine Markierung
(Einschnitt) des Bodens auf einen der kleinen Einschnitte
an dem Außenstoff des Seesacks. Die Stoffe liegen mit
den schönen Seiten aufeinander. Stecke sie beide an den
Einschnitten mit einer Stecknadel zusammen **(6b)**.

Nimm den nächsten Einschnitt am Boden und lege ihn an
die Seitennaht des Seesacks. Stecke beide Lagen mit einer
Stecknadel zusammen **(6c)**.

Mache das Gleiche mit den zwei weiteren Einschnitten
des Bodens. Der Boden ist nun mit vier Stecknadeln am
Seesack befestigt. Stecke rundherum den Boden an den
Seesack. Stecke ihn mit weiteren Nadeln mit einem Abstand von max. 1 cm rundherum fest **(6d)**.

Nähe den gesteckten Boden. Achte darauf, dass da, wo
du nähst (Nahtzugabe), die Stoffe ganz glatt sind **(6e)**.
Der Rest darf sich ruhig wellen. **Nähe rund (s. Seite 94)**
und vernähe am Ende.

Mache das Gleiche auf der anderen Seite mit dem Innenstoff des Bodens und des Seesacks.

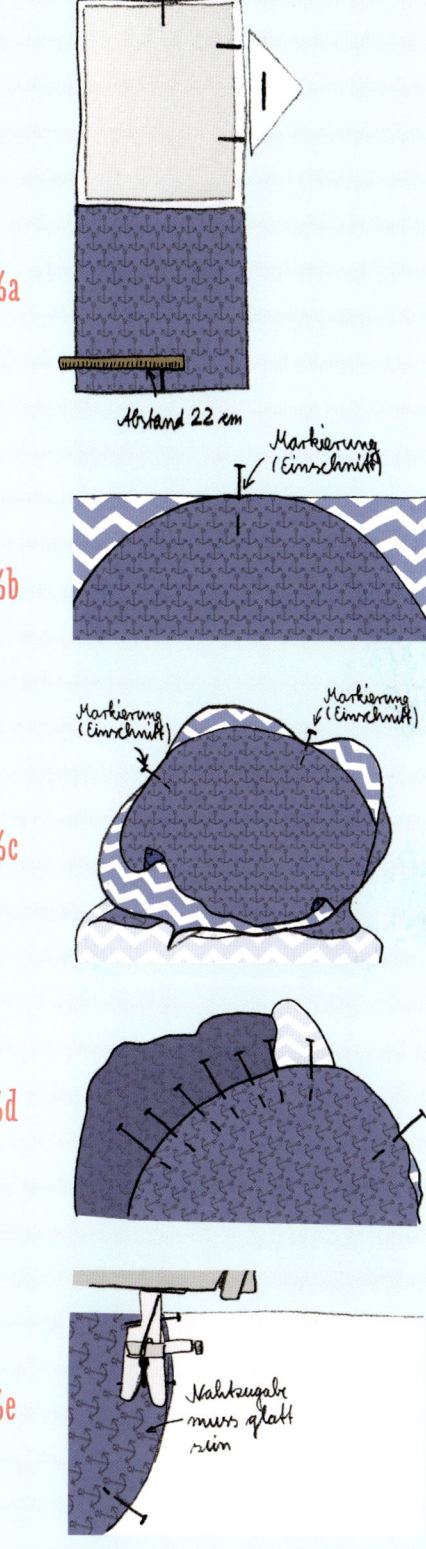

6a

Abstand 22 cm

Markierung (Einschnitt)

6b

Markierung (Einschnitt)   Markierung (Einschnitt)

6c

6d

6e

Nahtzugabe muss glatt sein

7

*Wendeöffnung*

## 7 Wendeöffnung schließen

Wende über die Wendeöffnung. Bügle die Nahtzugabe der Wendeöffnung nach innen. Stecke sie mit zwei Stecknadeln quer fest (7). Nähe die Wendeöffnung so nah wie möglich am Rand zu.

Schiebe den Innenstoff in den Außenstoff.

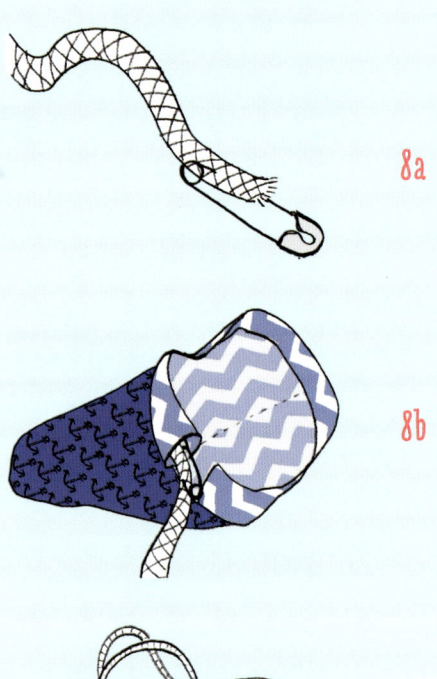

8a

8b

8c

## 8 Kordel einziehen

Befestige an einem Ende der Kordel eine Sicherheitsnadel (8a).

Schiebe die Sicherheitsnadel mit der Kordel durch den Tunnel (8b), so weit, bis die heraushängenden Enden gleich lang sind.

Führe die Enden durch die Schlaufe und mache einen Knoten (8c).

### Fertig!

Könner

# PFIFFIGER GELDBEUTEL

Maße: ca. 17 x 9,5 cm

Fotos, Kinokarten, Bildchen – dieser Geldbeutel ist genau
das Richtige für tausendundein Erinnerungsstück.

# DU BRAUCHST

**AUSSENSTOFF (BAUMWOLLSTOFF):**
Geldbeutel + Klappe
Breite: 110 cm
Menge: 20 cm
**INNENSTOFF (BAUMWOLLSTOFF):**
Geldbeutel + Klappe
Breite: 110 cm
Menge: 20 cm
**VOLUMENVLIES H630:**
Breite: 90 cm
Menge: 20 cm
**MAGNETVERSCHLUSS** zum Stecken

**Schnittteile auf Schnittmusterbogen A**
**Übertrage die Schnittteile auf Folie (s. Seite 90).**
**Übertrage die Markierungen als Einschnitte in den Stoff (s. Seite 91).**
1 cm Nahtzugabe ist bereits eingerechnet.
2 x Außenstoff Geldbeutel **(Stoff liegt doppelt)**
2 x Innenstoff Geldbeutel **(Stoff liegt doppelt)**
1 x Außenstoff Klappe **(Stoff liegt einfach)**
1 x Innenstoff Klappe **(Stoff liegt einfach)**
2 x Volumenvlies Maße Geldbeutel
1 x Volumenvlies Maße Klappe
(Volumenvlies rundherum 1 cm kleiner schneiden)
**Unten siehst du, wie die Schnittteile auf dem Stoff aussehen.**
**Schneide die Stoffteile zu (s. Seite 92).**
**Bügle das Volumenvlies auf den Außenstoff des Geldbeutels und der Klappe (s. Seite 92).**

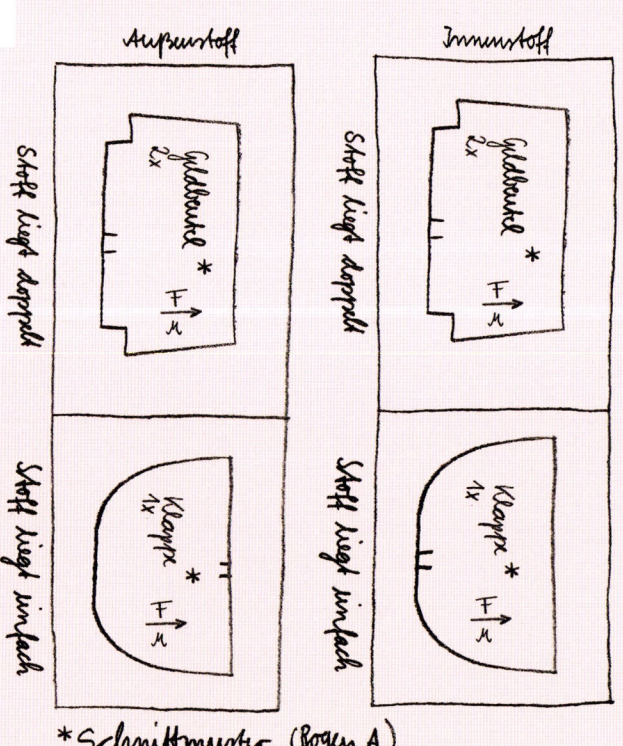

\*Schnittmuster (Bogen A)

## 1 Magnetverschluss oben markieren

Lege den Innenstoff der Klappe mit der schönen Seite vor dir hin. Das Muster zeigt nach oben, die runde Seite zeigt nach unten.

Miss mit einem Lineal von den Markierungen aus 3 cm nach oben und male jeweils einen Punkt (1). Schneide die Punkte vorsichtig ein. Bringe, wie auf der Verpackung angegeben, den Teil des Verschlusses an.

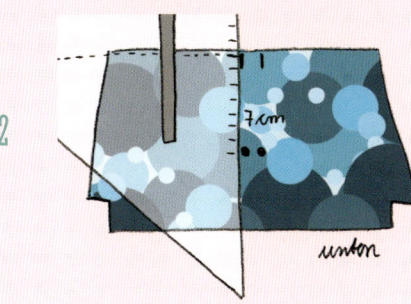

1

Klipse (Einschneidungen)

## 2 Magnetverschluss unten markieren

Lege ein Taschenteil des Außenstoffs mit der schönen Seite vor dir hin. Miss von beiden Markierungen 7 cm nach unten und markiere wieder jeweils einen Punkt (2). Schneide die Punkte vorsichtig ein. Bringe, wie auf der Verpackung angegeben, den anderen Teil des Verschlusses an.

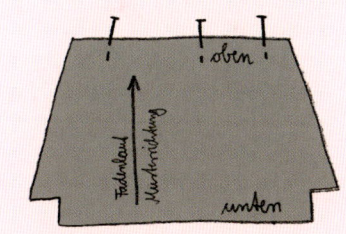

2

7 cm

unten

## 3 Geldbeutel nähen

Lege den Teil der Außentasche mit Magnetverschluss und ein Innenteil der Tasche mit den schönen Seiten aufeinander. Das Muster zeigt nach oben. Stecke die lange Seite oben mit Stecknadeln quer fest (3).

Nähe die gesteckte Seite (Nahtzugabe 1 cm) und vernähe am Anfang und am Ende.

3

oben

Fadenlauf Musterrichtung

unten

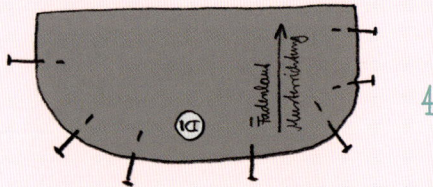

4   4

## 4 Klappe nähen

Lege den Außen- und Innenstoff der Klappe mit den schönen Seiten aufeinander. Das Muster zeigt nach oben. Stecke die runde Seite mit Stecknadeln quer fest (4).

Nähe die gesteckte Rundung (Nahtzugabe 1 cm). **Nähe rund (s. Seite 94)** und vernähe am Anfang und am Ende. Wende die Klappe auf die schöne Seite und bügle sie.

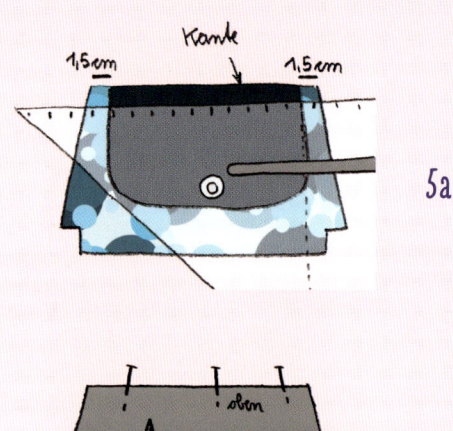

5a

## 5 Klappe annähen

Lege das andere Außenteil der Tasche (ohne Verschluss) mit der schönen Seite vor dich hin. Lege die Klappe oben an der langen Kante mittig an. Du siehst den Innenstoff der Klappe (5a).

Lege ein Teil des Innenstoffs der Tasche mit der schönen Seite auf den Außenstoff und die Klappe. Stecke die lange Seite oben mit Stecknadeln quer fest (5b).

5b

Nähe die gesteckte Seite (Nahtzugabe 1 cm) und vernähe am Anfang und am Ende. Schlage beide genähten Stoffteile auf. Bügle die genähten Kanten auf der schönen Seite.

## 6 Geldbeutel zusammennähen

Lege beide genähten Teile mit den schönen Seiten auf-
einander. Beachte, dass Innenstoff auf Innenstoff und
Außenstoff auf Außenstoff liegt. Stecke alle Seiten mit
Stecknadeln quer fest. Die Ecken steckst du nicht.
Markiere dir auf dem Innenstoff unten eine Wende-
öffnung (ca. 10 cm) (6).

Nähe die gesteckten Seiten (Nahtzugabe 1 cm).
Die Wendeöffnung und die Ecken nähst du dabei aber
nicht. Vernähe am Anfang und am Ende.

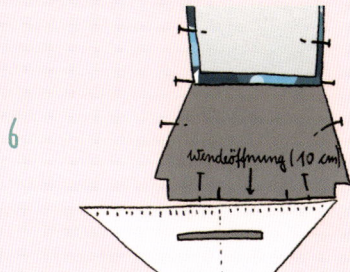

6

## 7 Boden nähen

**Nähe den Boden (s. Seite 93).**

## 8 Wendeöffnung schließen

Wende über die Wendeöffnung. Bügle die Nahtzugabe der Wendeöffnung nach innen. Stecke sie mit zwei
Stecknadeln quer fest (8). Nähe die Wendeöffnung so nah
wie möglich am Rand zu.

Schiebe die Innentasche in die Außentasche.

### Fertig!

8

# HIPPER TURNBEUTEL

Maße: ca. 35 x 43 cm

Anfänger

Nimm den Beutel huckepack und reise durch dein Leben –
dein Herz ist Karte und Kompass.

# DU BRAUCHST

**AUSSENSTOFF (BAUMWOLLSTOFF):**
Beutel
Breite: 110 cm
Menge: 50 cm
**INNENSTOFF (BAUMWOLLSTOFF):**
Beutel + Tunnel + Schlaufen
Breite: 110 cm
Menge: 70 cm
**KORDEL:** 2 x 3,7 m lang

Übertrage alle Maße direkt auf den Stoff (s. Seite 91).
1 cm Nahtzugabe ist bereits eingerechnet.
**BEACHTE:** Die Richtung des Fadenlaufes ist deine Länge (L).
2 x Außenstoff Beutel (L 42 cm x H 38 cm) **(Stoff liegt doppelt)**
2 x Innenstoff Beutel (L 42 cm x H 38 cm) **(Stoff liegt doppelt)**
2 x Innenstoff Tunnel (L 8 cm x H 38 cm) **(Stoff liegt doppelt)**
2 x Innenstoff Schlaufe (L 6 cm x H 10 cm) **(Stoff liegt doppelt)**
**Unten siehst du, wie die Schnittteile auf dem Stoff aussehen.**
**Schneide die Stoffteile zu (s. Seite 92).**

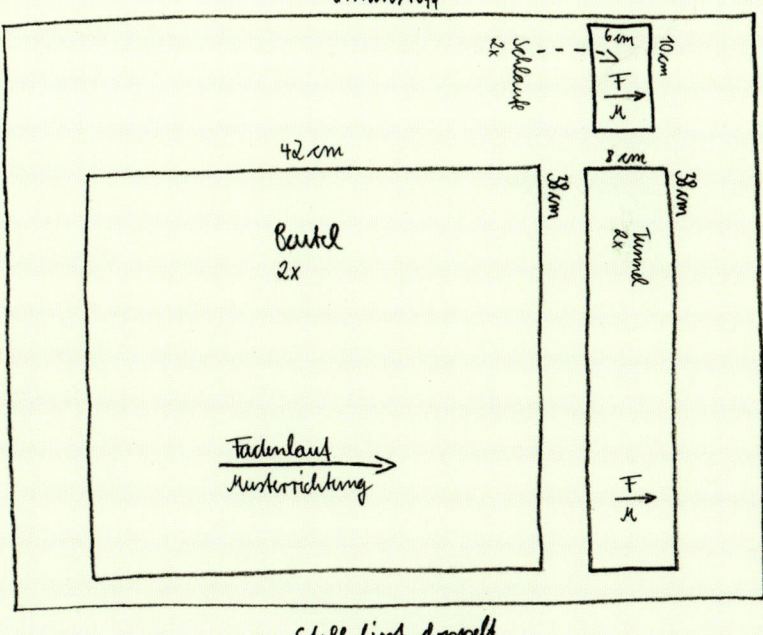

# SO GEHT'S

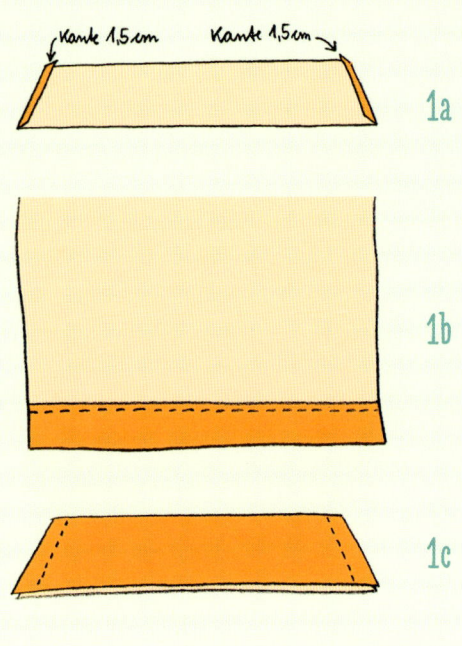

## 1 Tunnel nähen

Lege ein Teil des Tunnels mit der nicht schönen Seite vor dich hin. Bügle beide kurzen Seiten 1,5 cm breit um (1a).

Nähe die gebügelten Kanten mit der Nahtzugabe von 1 cm (1b).

Lege den Tunnel mit der nicht schönen Seite vor dich hin. Schlage den Stoff längs um, bis sich die Kanten treffen, und bügle ihn (1c).

Mache das Gleiche mit dem anderen Teil des Tunnels.

## 2 Tunnel an Beutel nähen

Lege ein Teil des Außenstoffs des Rucksacks mit der schönen Seite vor dich hin (Muster zeigt nach oben). Lege einen Tunnel am Rand des Rucksacks oben mittig an. Die offenen Kanten des Tunnels liegen auf der Kante des Außenstoffs (2a).

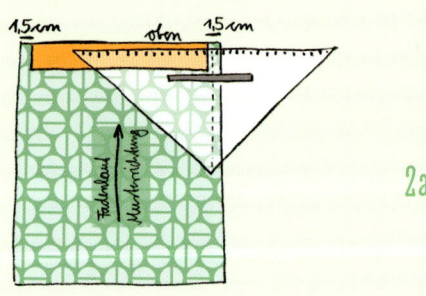

Lege auf beides ein Teil des Innenstoffs. Die schönen Seiten liegen aufeinander. Stecke die obere Kante mit Stecknadeln quer fest (2b).

Nähe die gesteckte Seite (1 cm Nahtzugabe). Vernähe am Anfang und am Ende. Mache das Gleiche mit dem anderen Innen- und Außenstoff und dem zweiten Tunnel des Beutels.

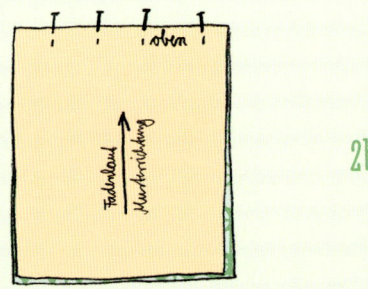

## 3 Schlaufen nähen

**Nähe die Schlaufen (s. Seite 95).**

## 4 Beutel nähen

Schlage beide genähten Stoffteile auf und bügle die Nähte auf der schönen Seite. Lege die Stoffteile mit den schönen Seiten aufeinander. Dabei liegt Außenstoff auf Außenstoff und Innenstoff auf Innenstoff. Stecke alle vier Seiten mit Stecknadeln quer fest (4a).

Achte bei den Übergängen (Innenstoff an Außenstoff) darauf, dass sie genau aufeinanderliegen.

Klappe eine Schlaufe mit den offenen Seiten aufeinander (4b).

Lege sie an einer Seite unten zwischen die beiden Außenstoffe in die Ecke ein (4c). Die geschlossene Seite zeigt nach innen. Stecke die Schlaufe fest. Mache das Gleiche mit der anderen Schlaufe an der anderen Seite des Außenstoffs.

Markiere dir auf dem Innenstoff eine Wendeöffnung (15 cm) (4d). Nähe die gesteckten Seiten (Nahtzugabe 1 cm). Nähe die Wendeöffnung dabei aber nicht zu. **Nähe dabei um die Ecke (s. Seite 94).** Vernähe am Anfang und am Ende. **Schneide die Ecken schräg ab (s. Seite 94).**

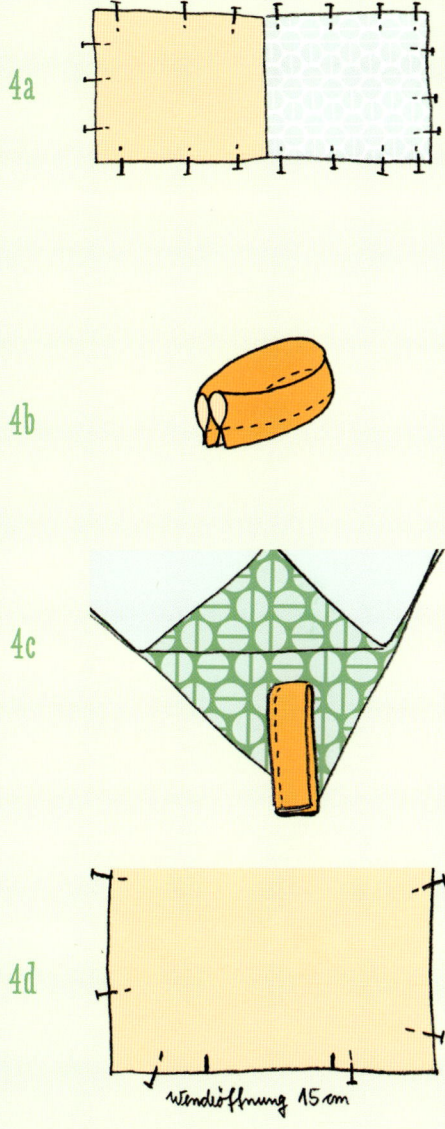

4a

4b

4c

4d

wendeöffnung 15 cm

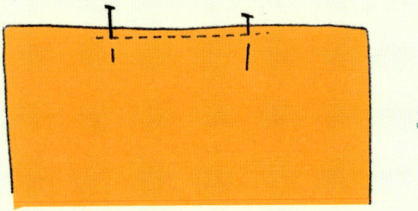

5

## 5 Wendeöffnung schließen

Wende über die Wendeöffnung. Bügle die Nahtzugabe der Wendeöffnung nach innen. Stecke sie mit zwei Stecknadeln quer fest.

Nähe die Wendeöffnung so nah wie möglich am Rand zu. (5). Schiebe den Innenbeutel in den Außenbeutel.

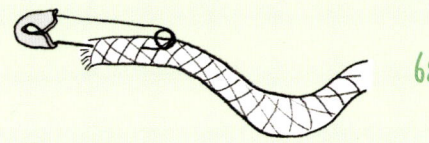

6a

## 6 Kordel durchziehen

Nimm eine der beiden Kordeln. Befestige an einem Ende der Kordel eine Sicherheitsnadel (6a).

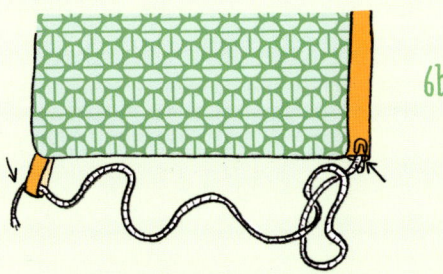

6b

Führe die Sicherheitsnadel mit der Kordel unten durch die Schlaufe. Schiebe sie dann durch den vorderen und den hinteren Tunnel (6b). Verknote sie zum Schluss unten an der Schlaufe zu einem Doppelknoten (6c).

Mache das Gleiche mit der anderen Kordel auf der anderen Seite.

### Fertig!

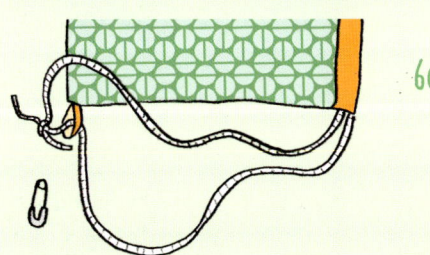

6c

# SCHLICHTE UMHÄNGETASCHE

Maße: ca. 29 x 38,5 cm

Könner

Heute soll es Konfetti regnen – du bist für alle Wetterlagen bereit.
Einfach Regenschirm und rosa Brille verstauen und los geht's!

# DU BRAUCHST

**AUSSENSTOFF (BAUMWOLLSTOFF):**
Tasche + Gurt
Breite: 110 cm
Menge: 80 cm
**INNENSTOFF (BAUMWOLLSTOFF):**
Tasche
Breite: 110 cm
Menge: 65 cm

Übertrage alle Maße direkt auf den Stoff (s. Seite 91).
1 cm Nahtzugabe ist bereits eingerechnet.
**BEACHTE:** Die Richtung des Fadenlaufes ist deine Länge (L).
2 x Außenstoff Tasche (L 55 cm x H 32 cm) **(Stoff liegt doppelt)**
2 x Innenstoff Tasche (L 55 cm x H 32 cm) **(Stoff liegt doppelt)**
1 x Außenstoff Gurt (L 10 cm x H 36 cm) **(Stoff liegt doppelt,
im Stoffbruch)**
Unten siehst du, wie die Schnittteile auf dem Stoff aussehen.
**Schneide die Stoffteile zu (s. Seite 92).**

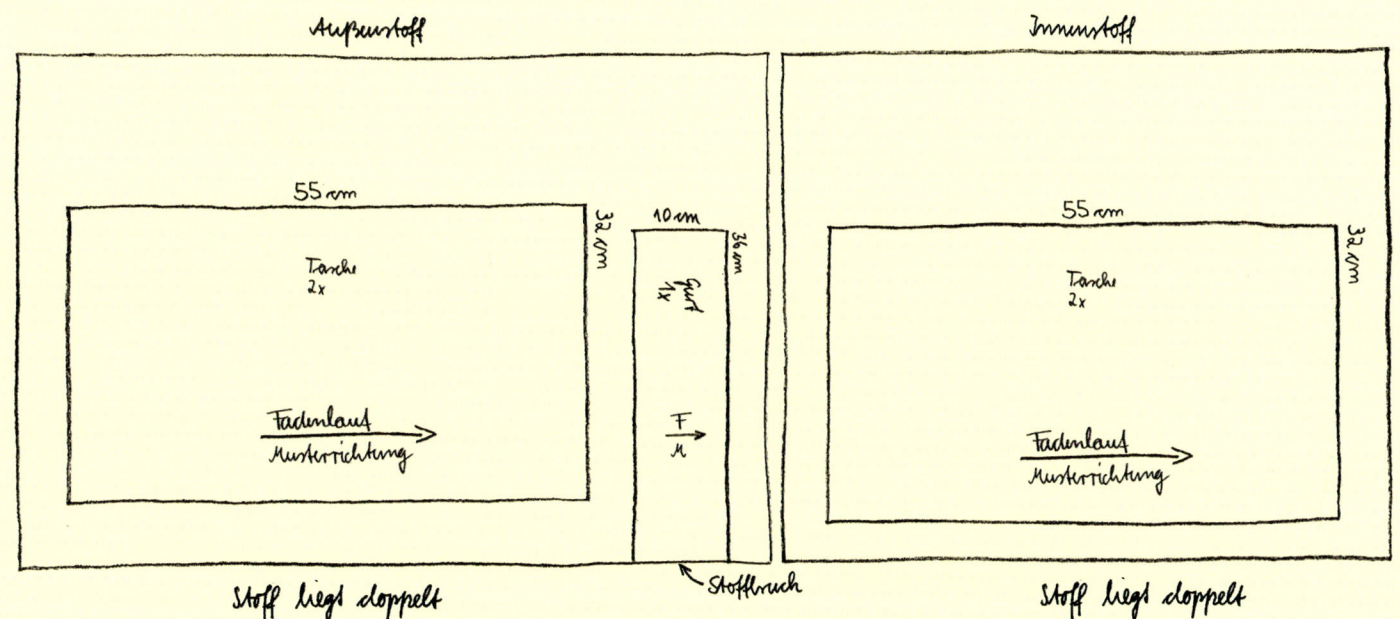

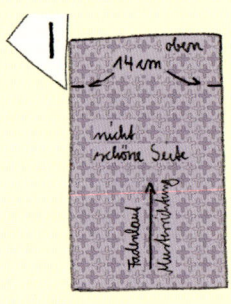

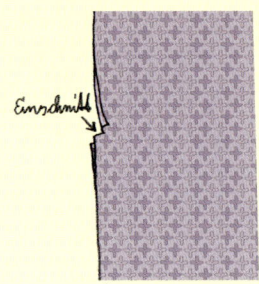

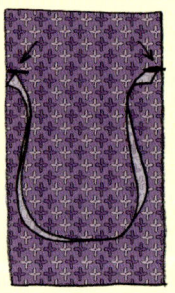

## 1 Gurt nähen

**Nähe den Gurt (s. Seite 95).**

## 2 Tasche schneiden

2a

Lege beide Außenstoffteile des Shoppers mit den schönen Seiten aufeinander. Das Muster zeigt nach oben. Miss mit einem Lineal an beiden Seiten von oben 14 cm und mache auf jeder Seite einen kleinen Kreidestrich an den Stoffrand (**2a**).

2b

Schneide am Kreidestrich auf beiden Seiten 0,5 cm in beide Stoffteile hinein (**2b**).

Mache das Gleiche mit den beiden Teilen des Innenstoffs.

## 3 Tasche nähen

3a

Nimm das obere Stoffteil vom Außenstoff herunter: Ein Außenstoff liegt mit der schönen Seite vor dir. Lege den Gurt rechts und links unter den Einschnitten an (**3a**). Die Kanten des Gurtes liegen auf den Seitenkanten der Tasche. Stecke den Gurt mit je zwei Stecknadeln rechts und links fest. Gib acht, dass sich der Gurt nicht verdreht.

Lege nun den zweiten Außenstoff wieder auf den Stoff. Die schönen Seiten liegen aufeinander. Stecke den Stoff unten an den Seiten mit Stecknadeln quer fest, an den Seiten aber nur bis zu den Einschnitten (3b). Die kleinen Einschnitte liegen aufeinander.

Nähe die drei Seiten bis zu den Einschnitten (Nahtzugabe 1 cm). **Nähe dabei um die Ecke (s. Seite 94)** und vernähe am Anfang und am Ende. **Schneide die Ecken unten schräg ab (s. Seite 94).** Mache das Gleiche mit den beiden Teilen des Innenstoffs. Lass dabei aber unten eine Wendeöffnung von 12 cm (3c). Nähe die Wendeöffnung nicht zu.

**WICHTIG:** Der Abstand von oben bis zum Kreidestrich muss bei den Außenstoffen genauso sein wie bei den Innenstoffen. Miss die genähten Seiten bei beiden Taschen nach (3d). Falls die Abstände nicht stimmen, nähe so lange nach, bis alle Nähte einen Abstand von 14 cm haben.

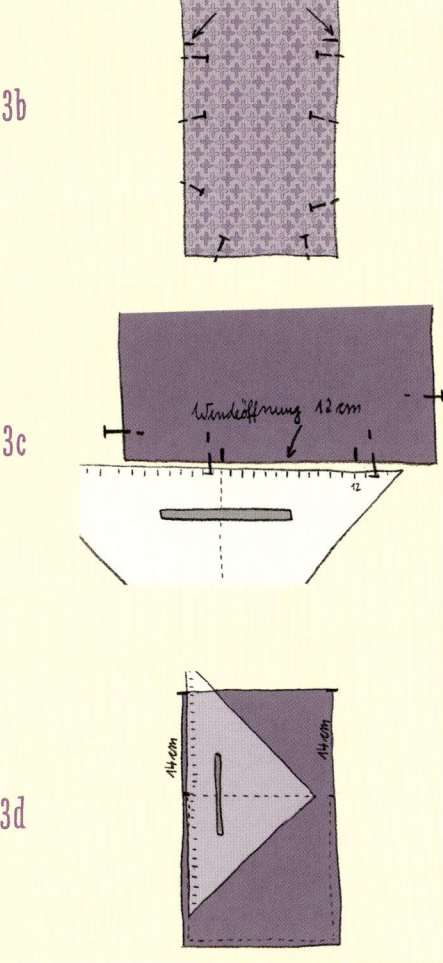

3b

3c

3d

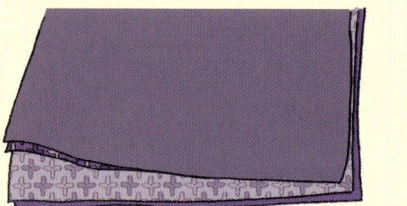

4a

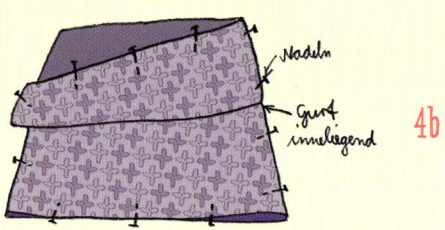

4b

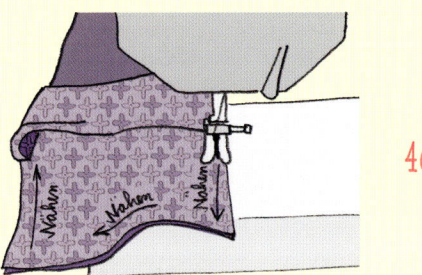

4c

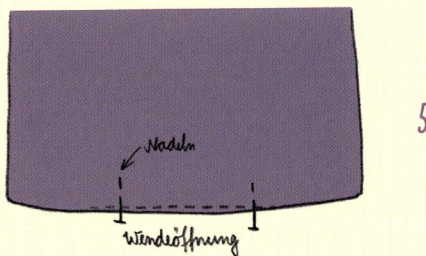

5

# 4 Tasche nähen

Wende die Außentasche auf die schöne Seite. Schiebe die Innentasche über die Außentasche, bis die Kanten aufeinanderliegen (4a).

**WICHTIG:** Innentasche und Außentasche liegen genau aufeinander. Kontrolliere rechts und links die Nähte an den Einschnitten (4b). Sie müssen aufeinanderliegen, sonst hast du dort hinterher ein Loch. Falls nicht, ziehe die Außentasche wieder heraus und nähe nach (siehe Schritt 3). Sobald die Nähte stimmen, stecke die Kanten der offenen Seite oben sowie die beiden Seiten bis zu den Einschnitten mit Stecknadeln quer fest, immer Außenstoff an Innenstoff. Beginne an einer Seite an Gurt und Einschnitt. Am Ende kannst du in den Shopper hineingreifen.

Beginne an der gleichen Stelle zu nähen. Nähe zunächst die drei Seiten (4c). **Nähe dabei um die Ecke (s. Seite 94)** und vernähe am Anfang und am Ende. Mache das Gleiche auf den anderen drei Seiten der Öffnung. **Schneide alle vier Ecken schräg ab (s. Seite 94).**

# 5 Wendeöffnung schließen

Wende die Tasche über die Wendeöffnung. Bügle die Nahtzugabe der Wendeöffnung nach innen. Stecke sie mit einigen Nadeln quer fest. Nähe die Wendeöffnung so nah wie möglich am Rand zu (5). Schiebe die Innentasche in die Außentasche.

## Fertig!

# WANDELBARE NILPFERDTASCHE

Maße: ca. 50 x 36,5 cm

Könner

Hip Hip Hippo – ob viel oder wenig reinzutun, breit oder schmal in der Form, diese Tasche ist wandelbar wie ein Nilpferd auf Diät.

# DU BRAUCHST

**AUSSENSTOFF (BAUMWOLLSTOFF):**
Tasche + Henkel
Breite: 140 cm
Menge: 110 cm
**SEITENSTOFF (BAUMWOLLSTOFF):**
Seitenteile
Breite: 140 cm
Menge: 55 cm
**BAND:**
Länge: 80 cm
Breite: 1 cm
**BÜGELVLIES: H250**
Breite: 90 cm
Menge: 50 cm

Schnittteil „Seite" auf Bogen B
1 cm Nahtzugabe ist bereits eingerechnet.
**Übertrage das Schnittteil „Seite" auf Folie (s. Seite 90).**
**Übertrage die Maße des Henkels und der Tasche direkt auf den Stoff (s. Seite 91).**
**BEACHTE:** Die Richtung des Fadenlaufes ist deine Länge (L).
4 x Außenstoff Tasche (L 40 cm x H 36 cm) **(Stoff liegt doppelt)**
2 x Außenstoff Henkel (L 12 cm x H 65 cm) **(Stoff liegt doppelt)**
8 x Seitenstoff Seiten **(Stoff liegt doppelt)**
2 x Bügelvlies Maße Tasche
(Bügelvlies rundherum 1 cm kleiner schneiden)
**Unten siehst du, wie die Schnittteile auf dem Stoff aussehen.**
**Schneide die Stoffteile zu (s. Seite 92).**
**Bügle das Bügelvlies auf zwei Stoffteile der Tasche (s. Seite 93).**

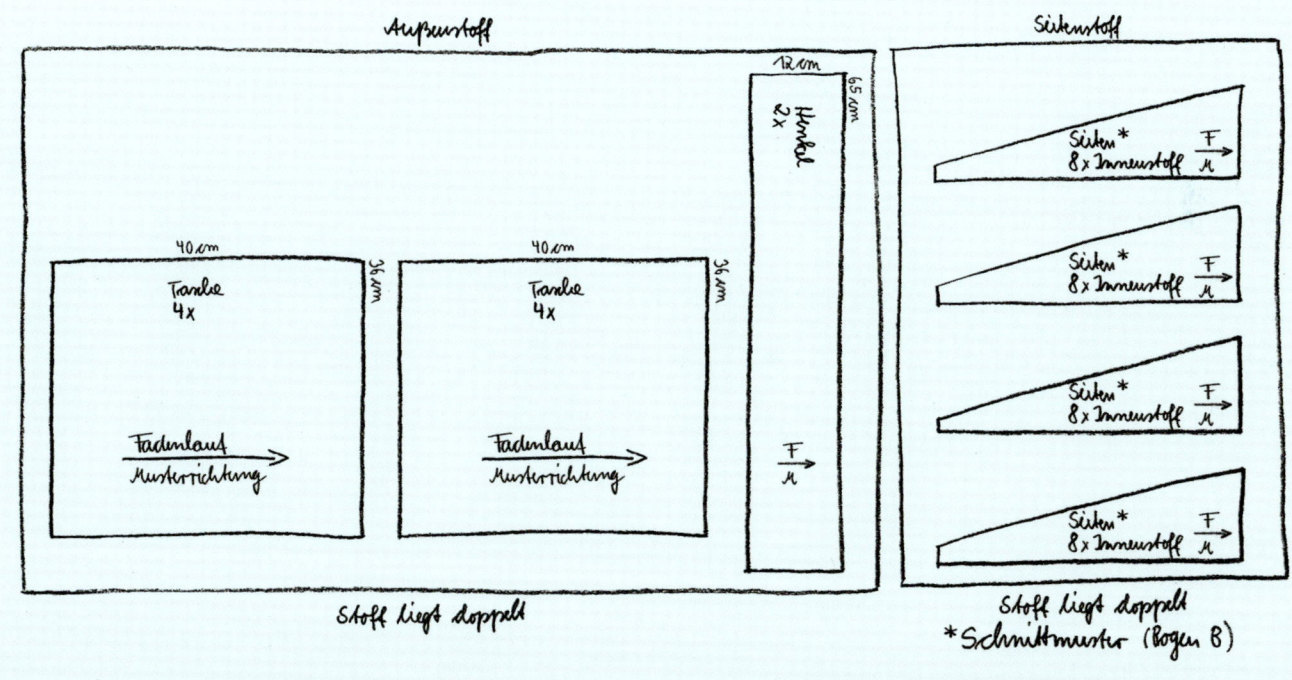

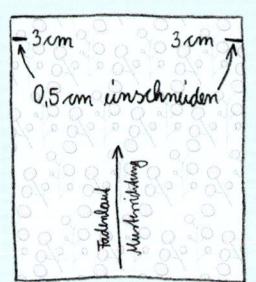

1a

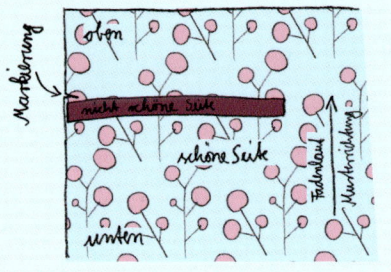

1b

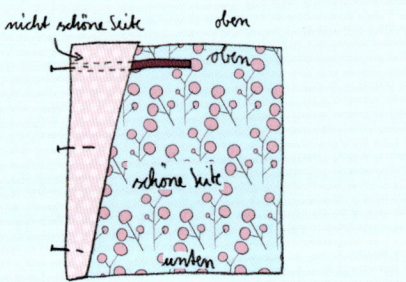

1c

## 1 Seiten nähen

Schneide das Band in vier Stücke von 20 cm Länge. Lege zwei Teile der Tasche (mit Bügelvlies) mit den schönen Seiten aufeinander (Muster zeigt nach oben). Miss an beiden Seiten von oben 3 cm und male einen kleinen Kreidestrich. Schneide an beiden Kreidestrichen 0,5 cm in die Stoffteile (**1a**).

Nimm ein Stoffteil der Tasche wieder weg. Das andere Stoffteil der Tasche liegt mit der schönen Seite vor dir. Lege unterhalb des Einschnitts ein Bändchen an die Kante der Tasche (**1b**). Du siehst die nicht schöne Seite des Bändchens.

Nimm ein Seitenteil. Lege die gerade lange Seite an den Rand der Außentasche. Die schönen Seiten liegen aufeinander. Stecke die Stoffteile und das Bändchen mit Stecknadeln quer fest (**1c**).

Nähe die gesteckte Seite (Nahtzugabe 1 cm) und vernähe am Anfang und am Ende. Lege ein weiteres Bändchen an der anderen Seite oben an den Einschnitt. Lege wieder ein Seitenteil darauf. Die schönen Seiten liegen aufeinander (**1d**). Falls die Kanten nicht passen, probiere ein anderes Seitenteil aus. Stecke und nähe die Stoffteile und das Bändchen zusammen.

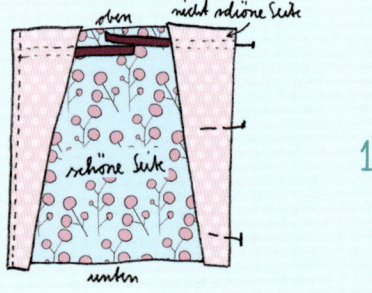

1d

Mache das Gleiche mit dem anderen Stoffteil der Tasche mit dem aufgebügelten Bügelvlies. Nähe dann genauso die letzten beiden Teile der Tasche, aber ohne Bügelvlies und ohne Bändchen (**1e**).

Schlage alle angenähten Seitenteile auf und bügle die Nähte auf der schönen Seite (**1f**).

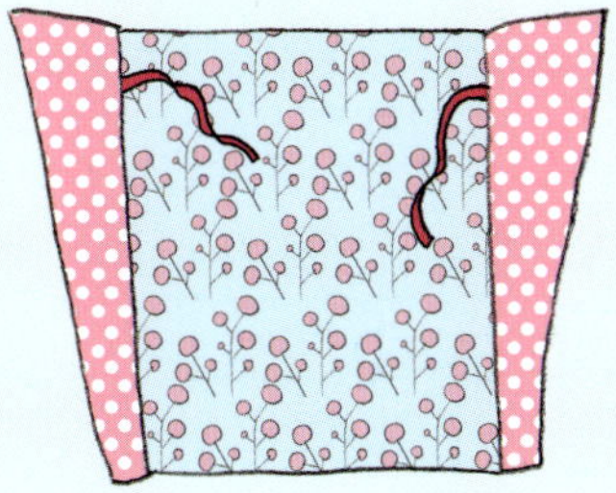

## 2 Tasche nähen

Lege beide Bänder-Teile der Tasche mit den schönen Seiten aufeinander. Stecke den Stoff unten an den Seiten mit Stecknadeln quer fest (**2a**).

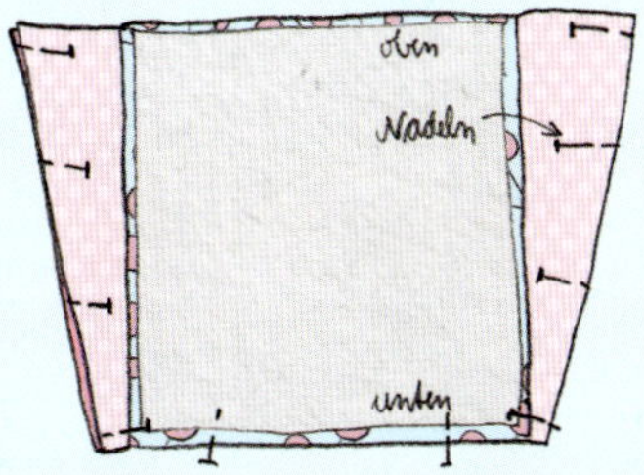

Nähe die drei Seiten. Pass auf, dass du die Bänder nicht mit annähst. **Nähe dabei um die Ecke (s. Seite 94)** und vernähe am Anfang und am Ende. **Schneide die Ecken unten schräg ab (s. Seite 94).**

Mache das Gleiche mit den anderen beiden Taschenteilen. Lass dabei aber unten eine Wendeöffnung von 18 cm (**2b**). Nähe die Wendeöffnung nicht zu.

**1e**

**1f**

**2a**

**2b**

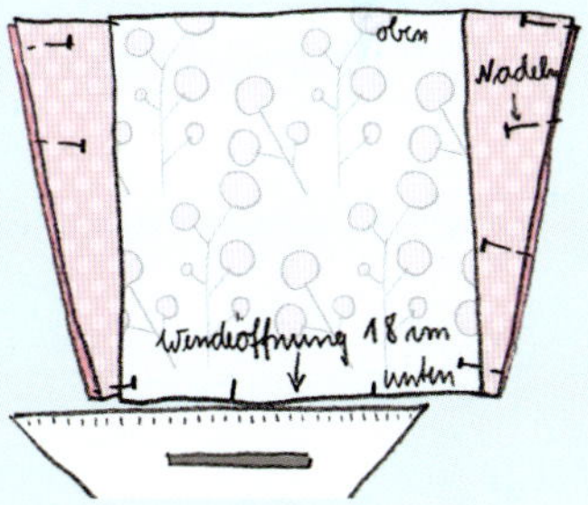

4a

4b

4c

4d

*Nadel*

*Hineingreifen möglich*

4e

## 3 Henkel nähen

**Nähe die Henkel (s. Seite 95).**

## 4 Henkel annähen

Wende die Tasche mit den Bändern auf die schöne Seite und lege sie vor dich hin. Die oberen Kanten liegen aufeinander. Miss oben an beiden Seiten von der Naht 7 cm Richtung Mitte und mache je einen kleinen Kreidestrich. Schneide an beiden Strichen 0,5 cm in beide Stofflagen ein (4a).

Nimm einen Henkel und lege ihn mit je einer Seite an die Kante der Tasche, neben die kleinen Schnitte, so dass der Henkel einen Abstand von 7 cm zum Rand hat. Stecke ihn mit Stecknadeln quer fest (4b). Pass auf, dass der Henkel sich nicht verdreht. Stecke ihn nur an eine Seite der Tasche. Du musst in die Tasche reingreifen können.

Mache das Gleiche mit dem zweiten Henkel auf der anderen Seite der Tasche. Schiebe jetzt die nicht gewendete Tasche über die Tasche mit den Henkeln (4c). So lange, bis die Kanten aufeinanderliegen.

Stecke die Kanten rundherum einmal mit Stecknadeln quer fest. Ziehe dabei nach und nach die Nadeln an den Henkeln vorsichtig heraus und stecke sie durch alle drei Stoffe (4d).

Nähe mit Freiarm einmal rundherum (4e). Vernähe am Ende.

## 5 Wendeöffnung schließen

Wende über die Wendeöffnung. Bügle die Nahtzugabe der Wendeöffnung nach innen. Stecke sie mit zwei Stecknadeln quer fest (5). Nähe so nah wie möglich die Wendeöffnung zu.

Schiebe die Innentasche in die Außentasche.

## Fertig!

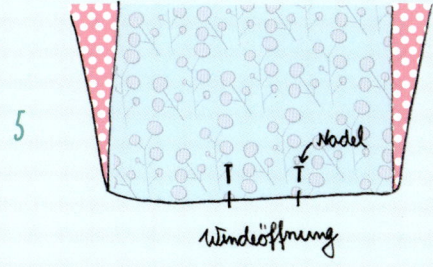

5

Nadel

Wendeöffnung

# SÜSSES FEENSÄCKCHEN

Maße: ca. 19 x 22 cm

Anfänger

## 3 Tunnel nähen

Nähe rundherum füßchenbreit am Rand entlang (**3a**). Beginne an der Öffnung. Die Wendeöffnung (2 cm) nähst du aber nicht zu. Vernähe am Anfang und am Ende.

Nähe eine weitere Naht rundherum. Nimm jetzt aber eine Nahtzugabe von 2,5 cm (**3b**) und nähe ganz herum. Vernähe erst am Ende.

## 4 Henkel annähen

Lege das Säckchen mit der Innenseite vor dich hin. Schlage es einmal um, bis die Kanten aufeinanderliegen. Miss unten am Rand von beiden Seiten 4 cm und male je einen Strich (**4a**). Schlage das Säckchen wieder auf.

Nimm den Henkel und bügle ihn an beiden kurzen Seiten 1 cm um (**4b**).

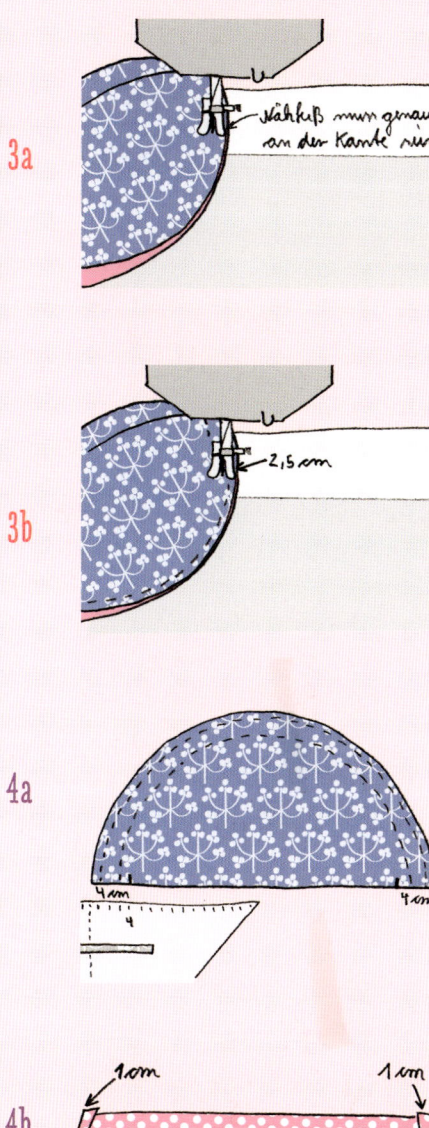

3a

3b

4a

4b

4c

4d

4e

5a

5b

Lege ein Ende des Henkels an einen Strich auf dem Außenstoff an. Die gebügelte Kante liegt auf dem Säckchen. Stecke ihn mit einer Stecknadel quer fest (4c).

Nähe den Henkel füßchenbreit fest (4d). Achte dabei auf die linke Seite deines Nähfüßchens. Vernähe am Anfang und am Ende.

Lege das Säckchen mit der Innenseite vor dich hin. Schlage den Stoff rechts und links ein wenig um, so dass du auf der einen Seite den angenähten Henkel siehst. Lege das andere Ende des Henkels an den anderen Strich und stecke ihn fest (4e). Pass auf, dass der Henkel sich nicht verdreht.

Nähe ihn ebenfalls füßchenbreit an.

## 5 Kordel durchziehen

Nimm ein Ende der Kordel und befestige daran eine Sicherheitsnadel (5a).

Schiebe die Sicherheitsnadel mit der Kordel durch die Öffnung am Rand und komplett durch den Tunnel (5b).

Ziehe die Kordel so heraus, dass beide Enden gleich lang sind. Mache einen Doppelknoten und ziehe die Kordel zusammen.

**Fertig!**

# LEICHTE ZICKZACKTASCHE

**Könner**

Maße: ca. 36 x 39 cm

Heimlich Prinzessin oder doch ein Kumpelmädchen? So unentschlossen wie das Zickzackmuster ist diese Tasche was für jeden Geschmack.

# DU BRAUCHST

**AUSSENSTOFF (BAUMWOLLSTOFF):**
Tasche + Gurt
Breite: 110 cm
Menge: 70 cm
**INNENSTOFF (BAUMWOLLSTOFF):**
Tasche + Tunnel
Breite: 110 cm
Menge: 100 cm
**KORDEL:**
Breite: 0,5 cm
Länge: 1 m

Schnittteil „Tasche" auf Schnittmusterbogen A
Übertrage das Schnittteil „Tasche" auf Folie (s. Seite 90).
Zeichne die Schnittteile „Tunnel" und „Gurt" direkt auf den Stoff
(s. Seite 91).
1 cm Nahtzugabe ist bereits eingerechnet.
**BEACHTE:** Die Richtung des Fadenlaufes ist deine Länge (L).
2 x Außenstoff Tasche **(Stoff liegt doppelt)**
2 x Innenstoff Tasche **(Stoff liegt doppelt)**
4 x Innenstoff Tunnel (L 18 x H 40 cm) **(Stoff liegt doppelt)**
1 x Außenstoff Gurt (L 12 x H 39 cm) **(Stoff liegt doppelt,
im Stoffbruch)**
Unten siehst du, wie die Schnittteile auf dem Stoff aussehen.
Schneide die Stoffteile zu (s. Seite 92).

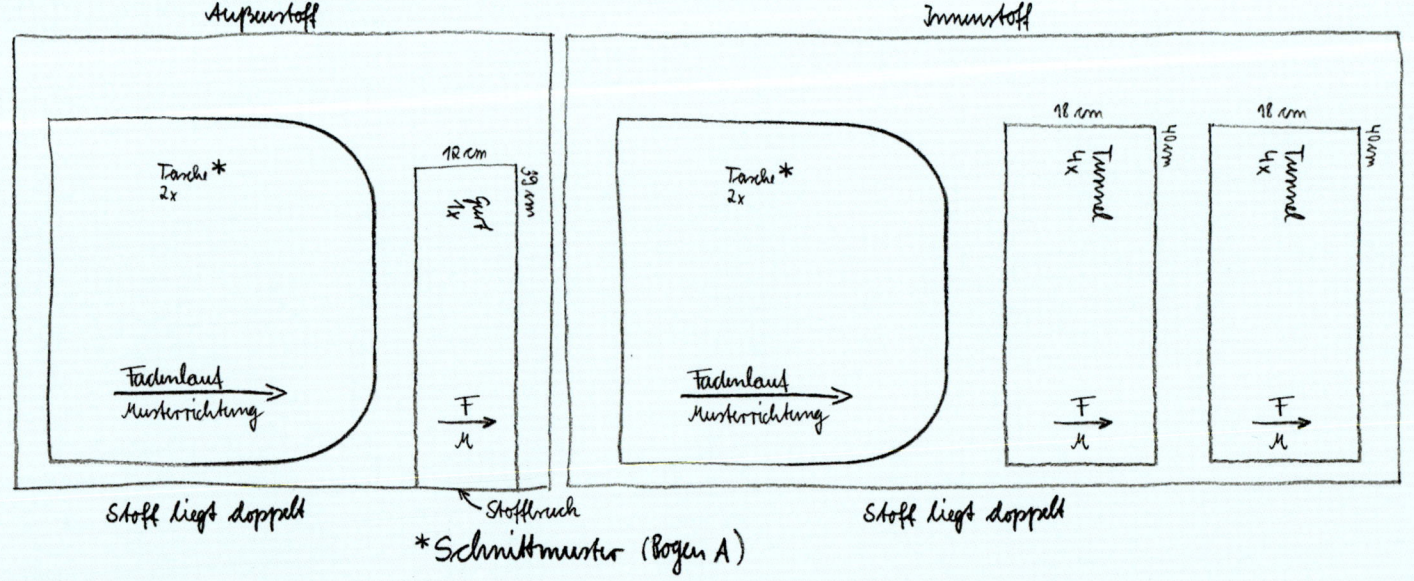

## 1 Tunnel nähen

Lege zwei Teile des Tunnels mit den schönen Seiten aufeinander. Das Muster zeigt nach oben. Stecke die lange Seite oben mit Stecknadeln quer fest (1).

Nähe die lange Seite (Nahtzugabe 1 cm) und vernähe am Anfang und am Ende. Schlage den Stoff auf und bügle die Naht auf der schönen Seite. Mache das Gleiche mit den beiden anderen Stoffteilen des Tunnels.

## 2 Tunnel zusammennähen

Lege die beiden Tunnelteile mit den schönen Seiten aufeinander. Die Nähte in der Mitte liegen dabei aufeinander. Stecke rechts und links die Seiten mit Stecknadeln quer fest (2a).

Nähe die beiden Seiten und vernähe am Anfang und am Ende. Schneide die Nahtzugabe an beiden Seiten 0,5 cm kleiner (2b).

Schlage einen Teil des Tunnels um, bis die Kanten aufeinanderliegen. Du siehst die schöne Seite (2c).

Bügle die geschlossene Kante.

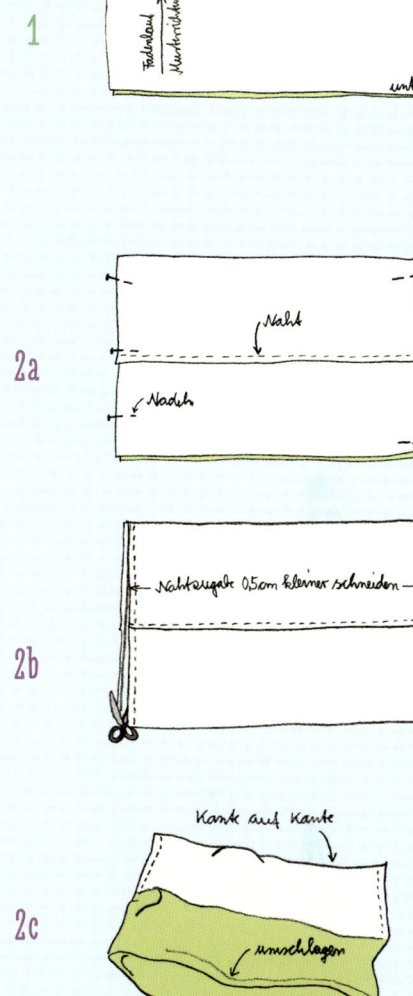

65

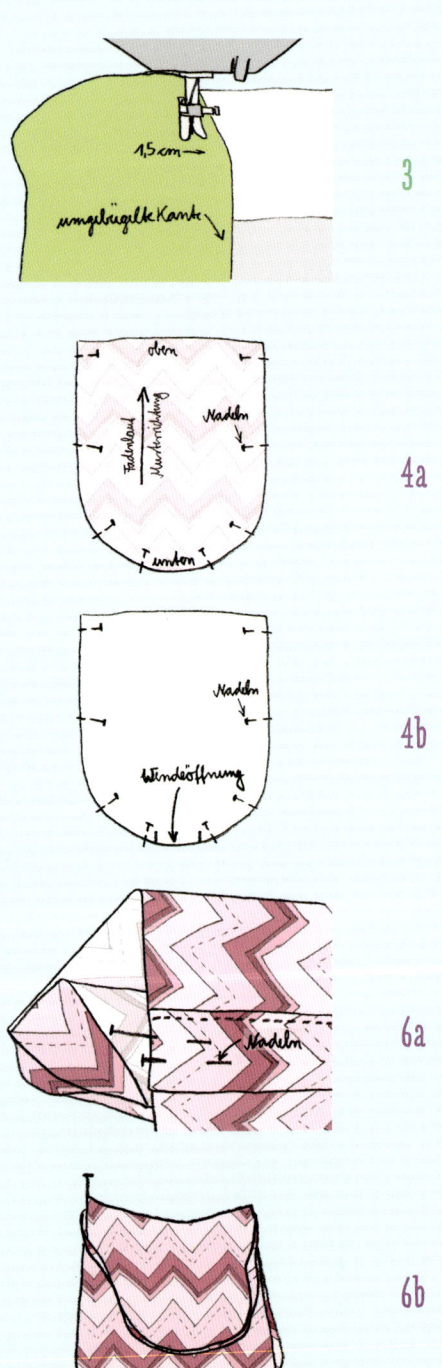

**3**

**4a**

**4b**

**6a**

**6b**

### 3 Tunnel annähen

Lege die geschlossene Kante mit Freiarm unter deine Nähmaschine (3). Nähe mit einer Nahtzugabe von 1,5 cm einmal rundherum. Vernähe am Ende.

### 4 Tasche nähen

Lege die Stoffteile der Außentasche mit den schönen Seiten aufeinander (das Muster zeigt nach oben). Stecke den Stoff unten an den Seiten mit Stecknadeln quer fest (4a). Die Seite oben steckst du nicht.

Nähe die drei Seiten. **Nähe unten rund (s. Seite 94)** und vernähe am Anfang und am Ende.

Mache das Gleiche mit den beiden Stoffteilen der Innentasche, lass dabei aber unten eine Wendeöffnung von 15 cm (4b). Die Wendeöffnung wird nicht zugenäht.

### 5 Gurt nähen

**Nähe den Gurt (s. Seite 95).**

### 6 Tasche, Tunnel und Gurt zusammennähen

Wende die Außentasche auf die schöne Seite. Stecke rechts und links oben den Gurt mit je zwei Stecknadeln quer fest (6a). Pass auf, dass sich der Gurt nicht verdreht (6b). Das Gurtende liegt oben mittig auf der Naht der Tasche.

Schiebe den Tunnel über die Außentasche. Die offenen Kanten des Tunnels liegen auf der Außenkante der Tasche (6c). Die Seitennähte der Tasche liegen auf den Seitennähten des Tunnels.

Stecke den Tunnel an der Tasche rundherum mit Stecknadeln quer fest (6d). Beginne an einem Gurtende. Ziehe die Nadeln dort vorsichtig nach und nach heraus und stecke sie durch alle Stoffteile. Du kannst in die Tasche hineingreifen.

Schiebe die Innentasche über die Außentasche (6e).

Du siehst die nicht schöne Seite. Alle oberen Kanten liegen jetzt aufeinander: Außentasche, Gurt, Tunnel und Innentasche. Stecke die Kante rundherum einmal mit Stecknadeln quer fest (6f). Ziehe dabei alle Nadeln nach und nach aus dem Gurt und dem Tunnel und stecke sie durch alle drei Stoffe. Du kannst in die Tasche hineingreifen.

Nähe mit Freiarm einmal rundherum (6g). Vernähe am Ende.

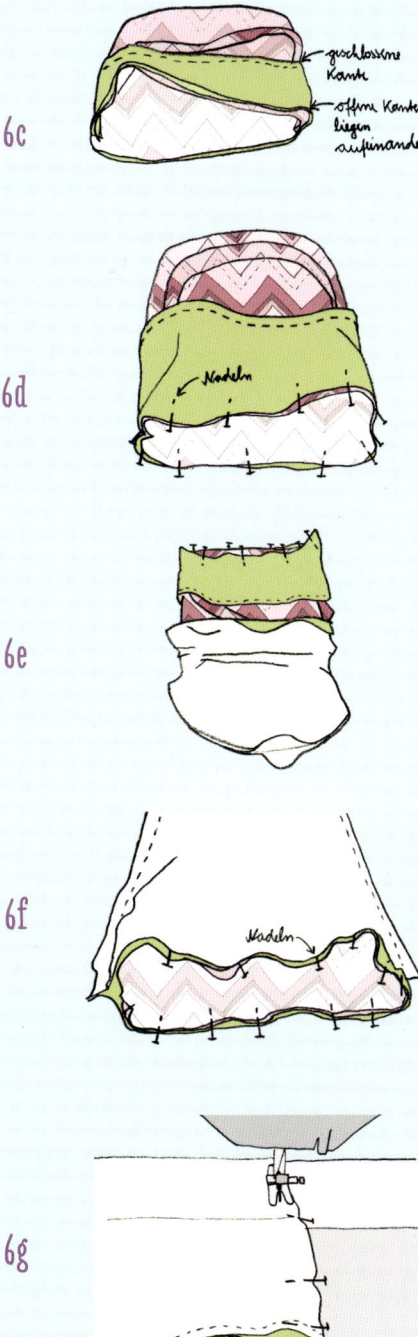

6c

6d

6e

6f

6g

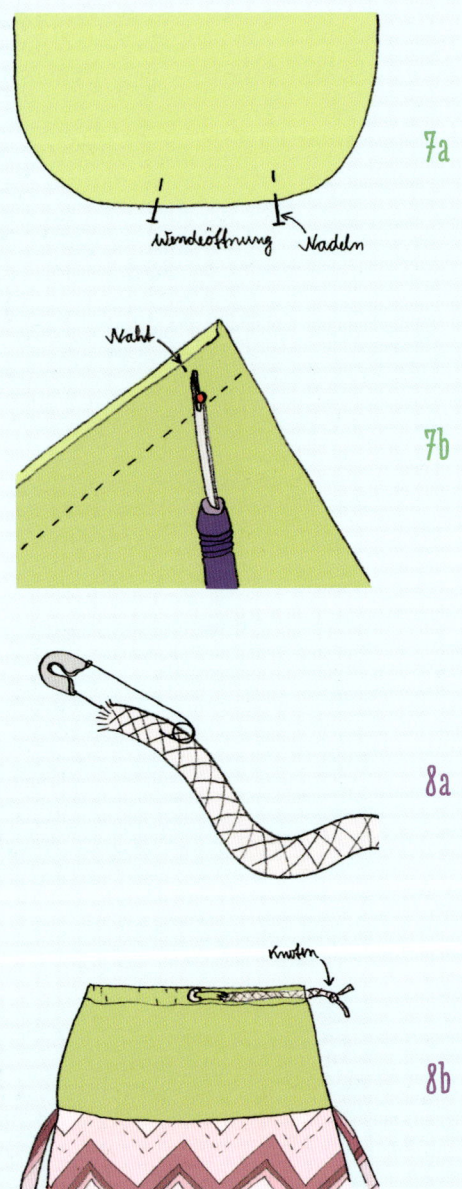

7a

7b

8a

8b

## 7 Wendeöffnung schließen

Wende über die Wendeöffnung. Bügle die Nahtzugabe der Wendeöffnung nach innen. Stecke sie mit zwei Stecknadeln quer fest (7a).

Nähe die Wendeöffnung so nah wie möglich am Rand zu. Schiebe die Innentasche in die Außentasche. Öffne mit einem Auftrenner an einer Seite des Tunnels oben vorsichtig eine Naht (max. 1 cm) (7b).

## 8 Kordel durchziehen

Nimm ein Ende der Kordel und befestige daran eine Sicherheitsnadel (8a).

Schiebe die Sicherheitsnadel mit der Kordel durch die Öffnung an der Seite und komplett durch den Tunnel (8b). Ziehe die Kordel so heraus, dass beide Enden gleich lang sind. Mache einen Doppelknoten.

## Fertig!

# GUTE-LAUNE-TASCHE MIT FRANSEN

Maße: ca. 31 x 25 cm

Profi

# DU BRAUCHST

**AUSSENSTOFF (BAUMWOLLSTOFF):**
Tasche unten + Tasche oben + Henkel
Breite: 110 cm
Menge: 70 cm
**INNENSTOFF (BAUMWOLLSTOFF):**
Innentasche
Breite: 110 cm
Menge: 40 cm
**FRANSEN (LEDER/KUNSTLEDER):**
Breite: 110 cm
Menge: 30 cm
**BÜGELVLIES: H250**
Breite: 90 cm
Menge: 40 cm
**MAGNETVERSCHLUSS** zum Stecken

**Schnittteile auf Schnittmusterbogen B**
**Übertrage die Schnittteile auf Folie (s. Seite 90).**
**Übertrage die Markierungen (Einschnitte) auf den Stoff (s. Seite 91).**
1 cm Nahtzugabe ist bereits eingerechnet.
2 x Außenstoff Tasche oben **(Stoff liegt doppelt)**
2 x Außenstoff Tasche unten **(Stoff liegt doppelt)**
2 x Innenstoff Tasche **(Stoff liegt doppelt)**
2 x Kunstlederstoff, Schnittteil einzeln ausschneiden
1 x Außenstoff Henkel **(Stoff liegt doppelt, im Stoffbruch)**
2 x Bügelvlies Maße Tasche innen
(Bügelvlies rundherum 1 cm kleiner schneiden)
**Unten siehst du, wie die Schnittteile auf dem Stoff aussehen.**
**Schneide die Stoffteile zu (s. Seite 92).**
**Bügle das Bügelvlies auf die Stoffteile der Innentasche (s. Seite 93).**

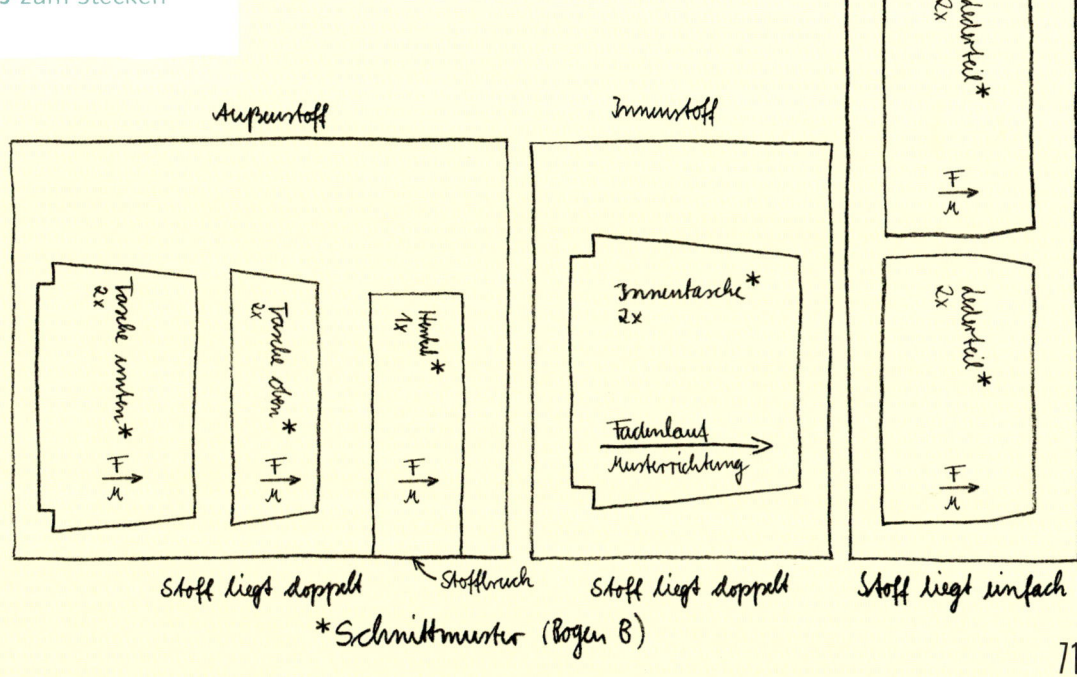

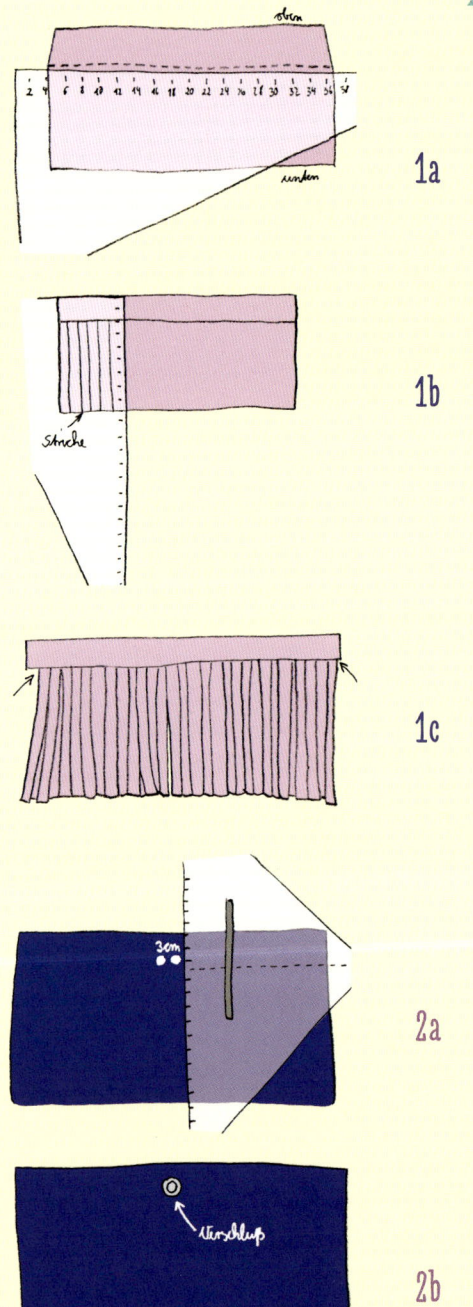

1a

1b

1c

2a

2b

# 1 Lederfransen schneiden

Lege ein Teil des Lederstoffs mit der nicht schönen Seite vor dich hin. Ziehe zwischen den Markierungen (Einschnitten) rechts und links einen Strich (1a).

Zeichne nun von dem Strich aus ganz feine Striche senkrecht nach unten mit dem Abstand 1 cm. Nimm, wenn möglich, einen wasserlöslichen Stoffstift oder einen feinen Bleistift (1b).

Schneide entlang der Striche. Schneide rechts und links den ersten Streifen ab (1c). Mache das Gleiche mit dem anderen Lederstück.

# 2 Magnetverschluss markieren

Lege den Innenstoff der Tasche mit der schönen Seite vor dich hin (Muster zeigt nach oben). Miss mit einem Lineal von den Markierungen (Einschnitte) aus 3 cm nach unten und male jeweils einen Punkt (2a).

Schneide in die Punkte ein kleines Loch. Bringe, wie auf der Verpackung des Verschlusses angegeben, einen Teil des Verschlusses an (2b). Der Magnetverschluss muss auf der schönen Seite zu sehen sein.

Mache das Gleiche mit dem zweiten Innenstoff und dem anderen Teil des Verschlusses.

# 3 Fransen auf Tasche nähen

Nimm ein Stoffteil der unteren Außentasche und lege es mit der schönen Seite vor dich hin. Lege darauf ein Teil mit den Lederfransen **(3a)**. Du siehst die schöne Seite der Fransen. Die oberen Kanten liegen aufeinander.

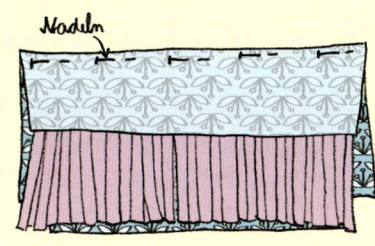

3a

Lege darauf mit der schönen Seite ein oberes Außenstoffteil der Tasche. Dabei liegt die lange Seite oben auf der Kante. Stecke mit Stecknadeln die lange Seite oben fest (längs) **(3b)**. Stecke dabei durch alle drei Stofflagen.

Nähe die lange Seite (Nahtzugabe 1 cm). Ziehe beim Nähen die Stecknadeln und vernähe am Anfang und am Ende. Schlage den Stoff auf und bügle die Naht auf der schönen Seite. Bügle nicht auf dem Kunstleder. Mache das Gleiche mit den anderen oberen und unteren Außenstoffteilen der Tasche und den Lederfransen.

3b

## 4 Tasche nähen

Lege die beiden Stoffteile der Außentasche mit den schönen Seiten aufeinander. Stecke drei Seiten mit Stecknadeln quer fest. Oben und die Ecken steckst du nicht **(4)**. Nähe die drei Seiten. Aber nicht die Ecken. Pass auf, dass du die Fransen nicht mit einnähst. Vernähe am Anfang und am Ende.

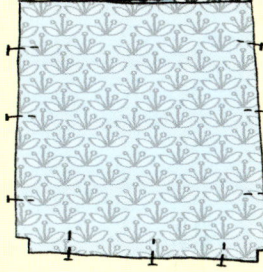

4

## 5 Innentasche nähen

Lege die beiden Teile der Innentasche mit den schönen Seiten aufeinander. Stecke drei Seiten mit Stecknadeln quer fest. Die Ecken steckst und nähst du nicht. Markiere dir unten eine Wendeöffnung 12 cm **(5)**. Die Wendeöffnung nähst du nicht. Vernähe am Anfang und am Ende.

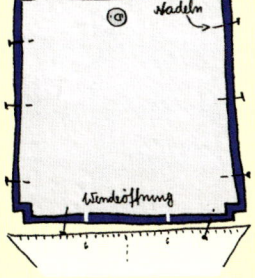

5

## 6 Henkel nähen

**Nähe den Henkel (s. Seite 95).**

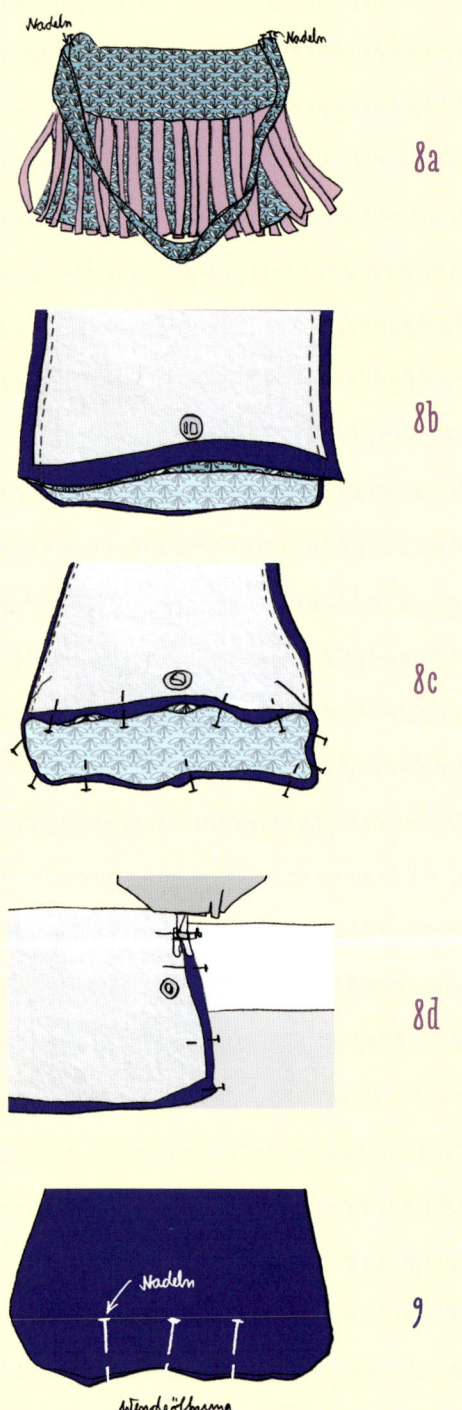

8a

8b

8c

8d

9

Nadeln

Wendeöffnung

## 7 Boden nähen

**Nähe bei beiden Taschen den Boden (s. Seite 93).**

## 8 Henkel an Tasche nähen

Wende die Außentasche mit den Fransen auf die schöne Seite. Stecke rechts und links oben den Henkel mit je zwei Stecknadeln quer fest (**8a**). Das Henkelende liegt mittig auf der Seitennaht der Tasche. Pass auf, dass sich der Henkel nicht verdreht.

Schiebe die Innentasche über die Außentasche, bis die Kanten oben aufeinanderliegen (**8b**).

Stecke alle Stoffteile rundherum mit Stecknadeln quer fest. Beginne an dem Henkel (**8c**). Ziehe die Nadeln dort vorsichtig nach und nach heraus und stecke sie durch alle drei Stoffteile. Du musst am Ende in die Tasche hineingreifen können.

Nähe mit Freiarm einmal rundherum (Nahtzugabe 1 cm) (**8d**). Vernähe am Ende.

## 9 Wendeöffnung schließen

Wende über die Wendeöffnung. Bügle die Nahtzugabe der Wendeöffnung nach innen. Stecke sie mit drei Stecknadeln quer fest (**9**).

Nähe so nah wie möglich die Wendeöffnung zu. Schiebe die Innentasche in die Außentasche.

**Fertig!**

LÄSSIGE
SOMMERTASCHE

Maße: ca. 33 x 33 cm

Profi

Unstet wie ein kleiner Schmetterling liebst du deine Freiheit? Mit dieser
bunten Tasche schwirrst du durch den Tag – immer neugierig auf neue Abenteuer!

# DU BRAUCHST

**AUSSENSTOFF (BAUMWOLLSTOFF):**
Tasche unten + Henkel
Breite: 140 cm
Menge: 50 cm
**INNENSTOFF (BAUMWOLLSTOFF):**
Innentasche + Tasche oben
Breite: 140 cm
Menge: 70 cm
**BÜGELVLIES: H250**
Breite: 90 cm
Menge: 20 cm
**MAGNETVERSCHLUSS** zum Stecken

Schnittteile auf Schnittmusterbogen A
Übertrage die Schnittteile auf Folie (s. Seite 90).
Übertrage die Markierungen (Einschnitte) auf den Stoff (s. Seite 91).
1 cm Nahtzugabe ist bereits eingerechnet.
2 x Innenstoff Tasche oben **(Stoff liegt im doppelten Stoffbruch)**
2 x Außenstoff Tasche unten **(Stoff liegt im doppelten Stoffbruch)**
2 x Innenstoff Tasche **(Stoff liegt im doppelten Stoffbruch)**
2 x Außenstoff Henkel **(Stoff liegt im doppelten Stoffbruch)**
2 x Bügelvlies Maße Tasche oben
(Bügelvlies rundherum 1 cm kleiner schneiden)
**Unten siehst du, wie die Schnittteile auf dem Stoff aussehen.**
**Schneide die Stoffteile zu (s. Seite 92).**
**Bügle das Bügelvlies auf die Teile „Tasche oben" (s. Seite 93).**

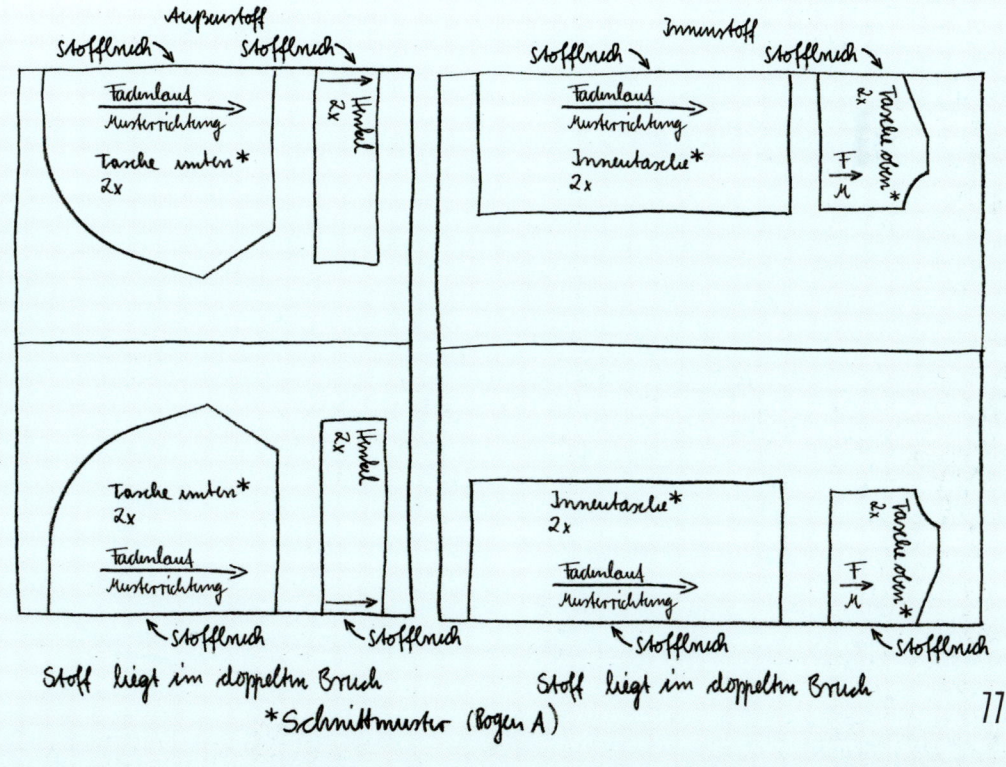

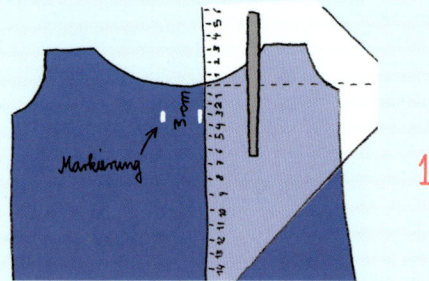

1a

## 1 Magnetverschluss markieren

Lege ein Teil der Innentasche mit der schönen Seite vor dich hin, das Muster zeigt nach oben. Miss mit einem Lineal von den Markierungen oben 3 cm nach unten und male jeweils einen Punkt (**1a**).

Schneide ein kleines Loch in die Punkte. Bringe, wie auf der Verpackung des Verschlusses angegeben, einen Teil des Verschlusses an. Der Magnetverschluss muss auf der schönen Seite zu sehen sein. Mache das Gleiche mit dem zweiten Innenstoff und dem anderen Teil des Verschlusses (**1b**).

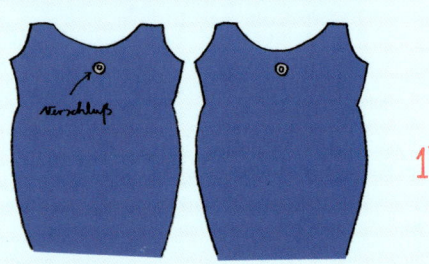

1b

## 2 Tasche kräuseln

Verändere die Einstellungen deiner Nähmaschine:
· Fadenspannung: 0
· Stichlänge: so lang wie möglich

**Tipp: Falls du nicht genau weißt, wie es geht, schaue in die Gebrauchsanweisung deiner Nähmaschine.**

Nimm ein unteres Stoffteil der Außentasche. Nähe oben mit einer Nahtzugabe von 1,5 cm von Markierung zu Markierung (Einschnitte) (**2**). Aber nicht vernähen! Lass am Anfang und am Ende viel Faden (15 cm).

Mache das Gleiche mit dem anderen unteren Außenstoff der Tasche.

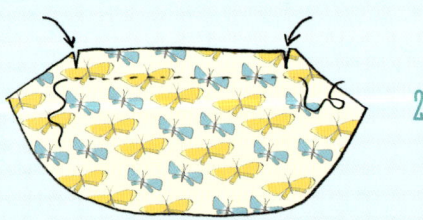

2

## 3 Tasche nähen

Stelle deine Maschine wieder um:
· Fadenspannung: zwischen 2 und 4
· Stichlänge: zwischen 2 und 2,5

Nimm einen oberen Außenstoff der Tasche und lege ihn mit der schönen Seite vor dich hin. Die lange Seite liegt oben (**3a**).

Lege darauf einen unteren Außenstoff der Tasche (**3b**). Die schönen Seiten liegen aufeinander. Die zu kräuselnde Kante liegt genau auf der Kante des oberen Taschenteils.

Stecke rechts und links und an den Markierungen je eine Stecknadel (**3c**). Beide Stoffteile liegen an den Seiten genau aufeinander.

Nimm an einer Seite einen Faden und ziehe vorsichtig daran. Der Faden darf nicht reißen (**3d**). Falls doch, ziehe ihn ganz heraus und nähe (kräusle) noch mal. Halte mit der anderen Hand den Stoff leicht fest. Der Stoff schiebt sich zusammen, aber nur bis zu der gesteckten Nadel in der Mitte.

Schiebe den Stoff so lange zusammen, bis die Kante der unteren Außentasche genau auf der Kante der oberen Tasche liegt (**3e**).

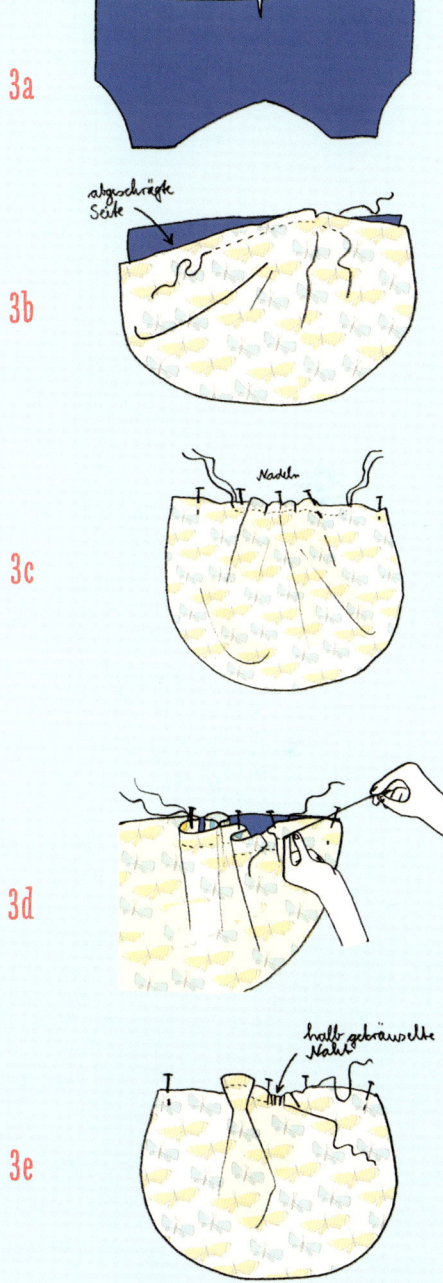

3a

3b

3c

3d

3e

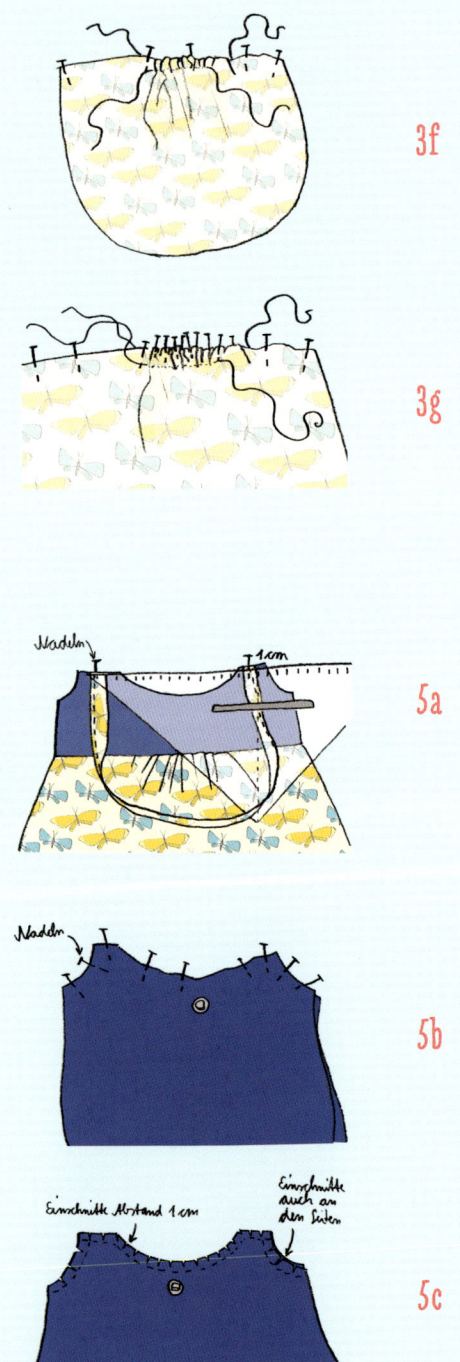

3f

3g

5a

5b

5c

Mache das Gleiche mit dem Faden auf der anderen Seite (3f).

Stecke jetzt mit vielen Nadeln die untere Außentasche an die obere Außentasche (3g).

Nähe mit einer Nahtzugabe von 1 cm die ganze gesteckte Seite. Vernähe am Anfang und am Ende. Ziehe den Kräuselfaden heraus. Schlage den Stoff auf und bügle die Naht auf der Tasche oben. Mache das Gleiche mit dem unteren und oberen Außenstoff der Tasche.

## 4 Henkel nähen
**Nähe die Henkel (s. Seite 95).**

## 5 Henkel annähen
Lege ein Stoffteil der Außentasche mit der schönen Seite vor dich hin (das Muster zeigt nach oben). Lege rechts und links oben einen Henkel an die Kante der Tasche. Miss dafür an beiden Seiten 1 cm Abstand vom Rand ab (5a). Stecke den Henkel mit je einer Stecknadel quer fest. Pass auf, dass der Henkel sich nicht verdreht.

Lege darauf ein Teil des Innenstoffs. Die schönen Seiten liegen aufeinander. Stecke die ganze Seite oben und die kleinen Rundungen rechts und links fest (5b). Beginne an dem Henkel. Ziehe dort nach und nach vorsichtig die Stecknadeln heraus und stecke sie durch alle Stoffteile.

Nähe die gesteckte Seite (Nahtzugabe 1 cm). **Nähe dabei um die Ecke (s. Seite 94)** und vernähe am Anfang und am Ende. Schneide die Rundungen bis kurz vor der Naht im Abstand von 1 cm ein (5c).

Mache das Gleiche mit den anderen Stoffteilen: Außentasche, Henkel und Innentasche.

6a

## 6 Außentasche und Innentasche zusammennähen

Schlage beide genähten Stoffteile auf und lege sie mit den schönen Seiten aufeinander. Dabei liegen die Innenstoffe aufeinander und die Außenstoffe aufeinander (6a). Stecke die Stoffteile rundherum einmal mit Stecknadeln quer fest. Achte bei den Übergängen darauf, dass die Nähte genau aufeinanderliegen (6b).

Markiere dir auf dem Innenstoff unten eine Wendeöffnung von 12 cm (6c).

Nähe die gesteckten Seiten. Die Wendeöffnung nähst du dabei aber nicht. Vernähe am Anfang und am Ende.

6b

6c

## 7 Wendeöffnung schließen

Wende über die Wendeöffnung. Bügle die Nahtzugabe der Wendeöffnung nach innen. Stecke sie mit drei Stecknadeln quer fest. Nähe so nah wie möglich die Wendeöffnung zu. Schiebe die Innentasche in die Außentasche. Ziehe vorsichtig die Henkel heraus.

## Fertig!

# NIEDLICHE VOGELTASCHE

Maße: ca. 28 x 17 cm

Profi

# Wer hat hier einen Vogel? Mit Seifenblasen und Vogeltasche stehst du ganz einfach über den Dingen und die Stadt gehört dir!

## DU BRAUCHST

**AUSSENSTOFF (BAUMWOLLSTOFF):**
Außentasche + Klappe + Henkel
Breite: 110 cm
Menge: 55 cm
**INNENSTOFF (BAUMWOLLSTOFF):**
Innentasche + Klappe
Breite: 110 cm
Menge: 40 cm
**BÜGELVLIES: H250**
Breite: 90 cm
Menge: 35 cm
**MAGNETVERSCHLUSS** zum Stecken

Schnittteile auf Schnittmusterbogen A
**Übertrage die Schnittteile auf Folie (s. Seite 90).**
**Übertrage alle Markierungen (s. Seite 91).**
1 cm Nahtzugabe ist bereits eingerechnet.
2 x Außenstoff Außentasche **(Stoff liegt im doppelten Stoffbruch)**
2 x Innenstoff Innentasche **(Stoff liegt doppelt)**
1 x Außenstoff Klappe **(Stoff liegt doppelt, im Stoffbruch)**
1 x Innenstoff Klappe **(Stoff liegt doppelt, im Stoffbruch)**
1 x Außenstoff Henkel **(Stoff liegt doppelt, im Stoffbruch)**
2 x Bügelvlies Maße Innentasche
1 x Bügelvlies Maße Klappe
(Bügelvlies rundherum 1 cm kleiner schneiden)
**Unten siehst du, wie die Schnittteile auf dem Stoff aussehen.**
**Schneide die Stoffteile zu (s. Seite 92).**
**Bügle das Bügelvlies auf den Innenstoff der Tasche und Klappe (s. Seite 93).**

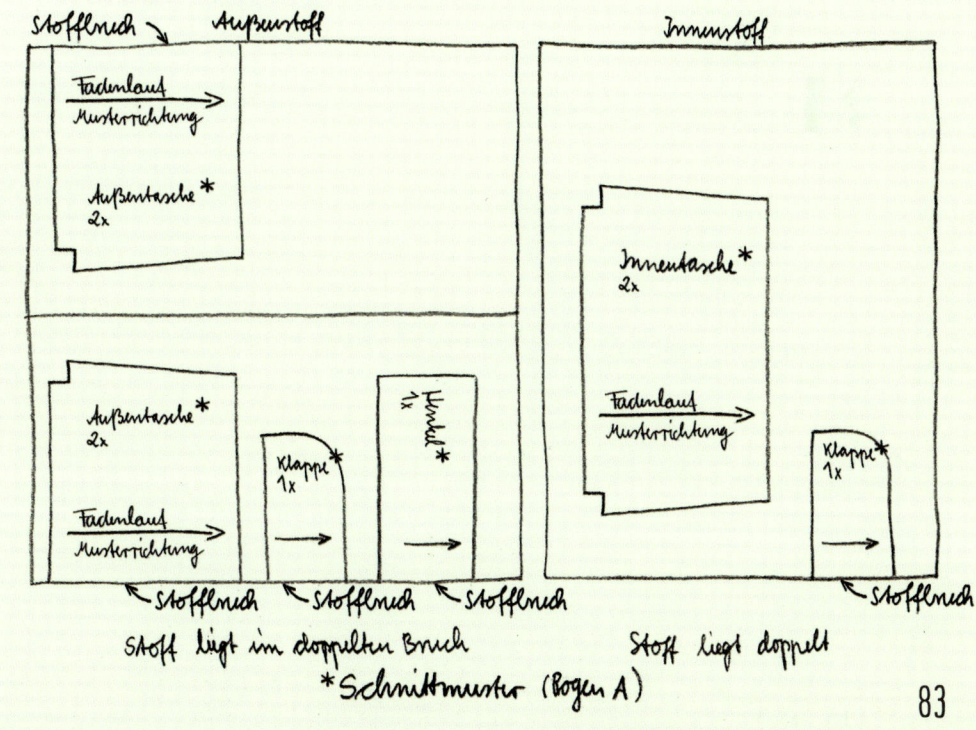

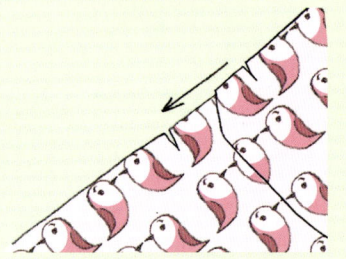

1a

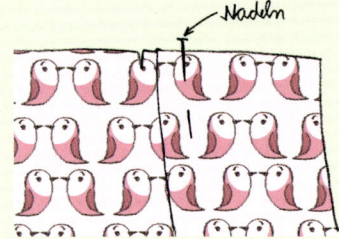

1b

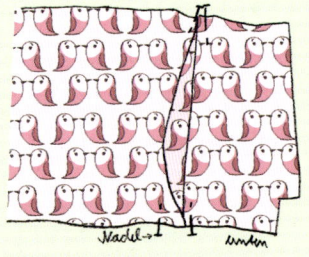

1c

1d

1e

# 1 Kellerfalte nähen

Lege ein Teil der Außentasche mit der schönen Seite vor dich hin. Rechts und links oben hast du je drei Markierungen (Einschnitte). Nimm rechts den Stoff an der äußeren Markierung und lege die Markierung auf die mittlere Markierung (1a). Beachte die Pfeilrichtung. Stecke die Falte mit einer Stecknadel fest (1b). Mache das Gleiche unten.

Nimm nun den Stoff an der inneren Markierung oben und lege die Markierung ebenfalls auf die mittlere Markierung. Die Falte wird jetzt in die andere Richtung gelegt und gesteckt. Beide Falten stoßen genau aneinander. Mache unten das Gleiche (1c).

Verfahre genauso auf der anderen Seite des Stoffs (1d). Achte auf die Pfeilrichtungen. Lege und stecke danach die gleichen Falten auf dem zweiten Außenstoff. Nähe bei beiden Außenstoffen oben und unten füßchenbreit auf der schönen Seite entlang (1e). Achte darauf, dass die Falten beim Nähen genau aneinanderliegen.

## 2 Magnetverschluss markieren

Lege das Innenteil der Klappe mit der schönen Seite vor dich hin. Die lange gerade Seite liegt oben. Miss mit einem Lineal von den Markierungen (den Einschnitten) aus 5 cm nach unten und male jeweils einen Punkt (2a).

Schneide in die Punkte ein kleines Loch. Bringe, wie auf der Verpackung des Verschlusses angegeben, einen Teil des Verschlusses an. Der Magnetverschluss muss auf der schönen Seite zu sehen sein (2b).

Nimm ein Teil der Außentasche und lege es mit der schönen Seite vor dich hin. Miss wieder mit einem Lineal von den Markierungen (den Einschnitten in der Mitte) oben 5 cm nach unten und male jeweils einen Punkt (2c). Schneide sie wieder ein und bringe den anderen Teil des Verschlusses an.

## 3 Außentasche nähen

Lege die beiden Teile der Außentasche mit den schönen Seiten aufeinander (das Muster zeigt nach oben). Stecke den Stoff unten an den Seiten mit Stecknadeln quer fest (3). Die obere Seite und die Ecken steckst du nicht.

Nähe die drei Seiten (Nahtzugabe 1 cm) und vernähe am Anfang und am Ende.

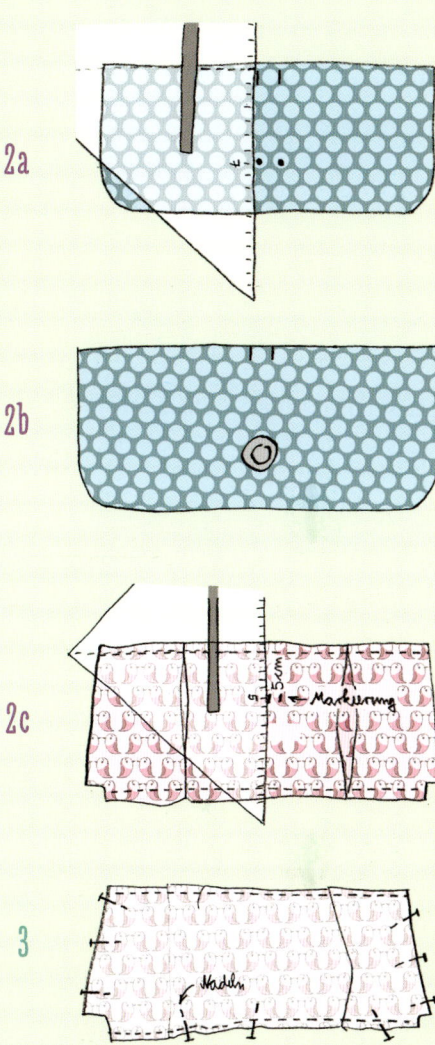

2a

2b

2c

3

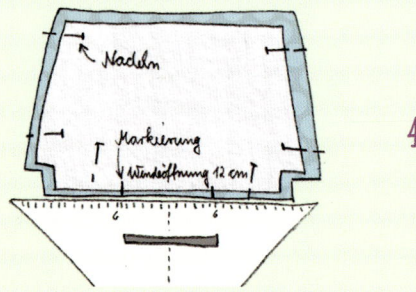

4

### 4 Innentasche nähen

Lege die beiden Teile der Innentasche mit den schönen Seiten aufeinander. Stecke den Stoff wieder unten und an den Seiten mit Stecknadeln quer fest. Die Ecken steckst und nähst du aber nicht. Markiere dir unten eine Wende-öffnung von 12 cm (4).

Nähe die drei Seiten. Die Wendeöffnung nähst nicht. Vernähe am Anfang und am Ende.

5

### 5 Klappe nähen

Lege die beiden Klappenteile mit den schönen Seiten auf-einander. Die lange Seite liegt oben. Stecke die Rundung fest. Die lange Seite steckst du nicht (5).

Nähe die Rundung (Nahtzugabe 1 cm). **Nähe rund (s. Seite 94)** und vernähe am Anfang und am Ende. Wende die Klappe auf die schöne Seite und bügle sie.

### 6 Henkel nähen

**Nähe den Henkel (s. Seite 95).**

### 7 Boden nähen

**Nähe bei beiden Taschen den Boden (s. Seite 93).**

### 8 Tasche, Klappe und Henkel nähen

Wende die Außentasche (mit den Falten) auf die schöne Seite. Die Seite ohne Verschluss liegt vor dir. Stecke rechts und links oben den Henkel mit je zwei Stecknadeln quer fest. Pass auf, dass sich der Henkel nicht verdreht (8a). Das Ende vom Henkel liegt mittig auf der Naht der Tasche.

Lege oben die Klappe (du siehst den Innenstoff) mit der offenen Seite an die Kante der Tasche an. Die Klappe liegt zur Hälfte über den Henkeln. Stecke sie mit Stecknadeln an eine Seite der Tasche (8b). Du musst in die Tasche hineingreifen können.

Schiebe die Innentasche über die Außentasche, bis die Kanten oben aufeinanderliegen. Stecke alle Stoffteile rundherum mit Stecknadeln quer fest (8c). Ziehe dabei zuerst vorsichtig die Nadeln nach und nach aus dem Henkel und der Klappe und stecke sie durch alle vier Stoffteile (die Klappe liegt über dem Henkel). Du musst am Ende in die Tasche hineingreifen können.

Nähe mit Freiarm einmal rundherum (Nahtzugabe 1 cm) (8d) und vernähe am Ende.

## 9 Wendeöffnung schließen

Wende über die Wendeöffnung. Bügle die Nahtzugabe der Wendeöffnung nach innen. Stecke sie mit drei Stecknadeln quer fest (9).

Nähe so nah wie möglich die Wendeöffnung zu. Schiebe die Innentasche in die Außentasche.

### Fertig!

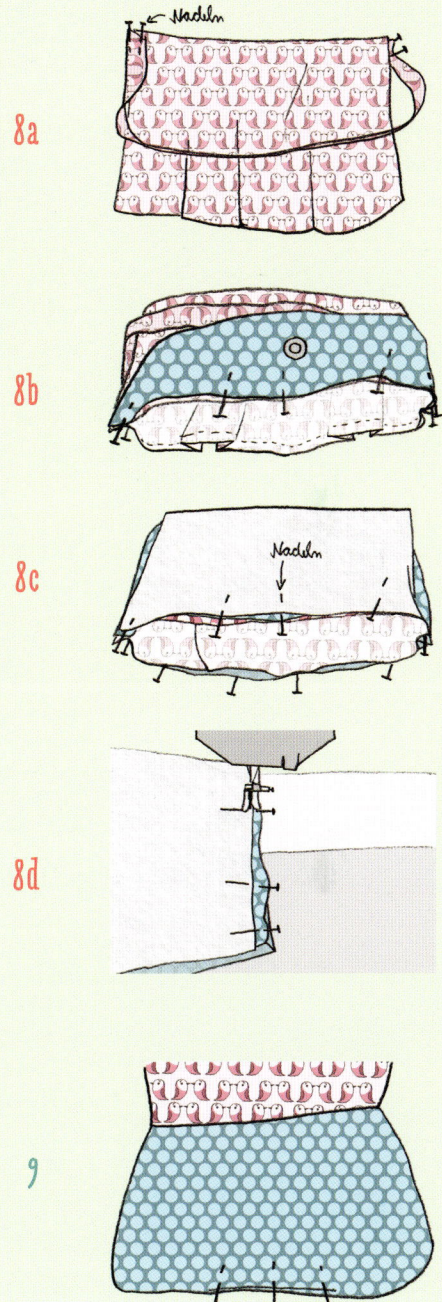

8a

8b

8c

8d

9

# GRUNDANLEITUNG

I

# I Schöne und nicht schöne Stoffseite

Jeder Stoff hat eine schöne (rechte) und eine nicht schöne (linke) Seite (I).

Mit welcher Seite du gerade arbeitest, wird dir in den Anleitungen immer angegeben: mit der schönen Seite oder der nicht schönen Seite.

II

# II Fadenlauf und Webkante

Achte beim Aufzeichnen oder Übertragen des Schnittmusters auf den Fadenlauf. Die Pfeilspitze zeigt immer in die Richtung deines Stoffmusters. Er verläuft parallel zur Webkante, die erkennst du am Rand des Stoffs an kleinen Löchern (II). Jeder Stoff hat zwei Webkanten.

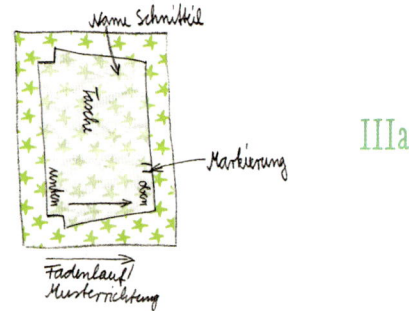

IIIa

# III Schnittteil übertragen

**SCHNITTTEIL AUF SCHNITTMUSTERBOGEN**

Übertrage erst das Schnittteil auf Folie: Lege ein Stück Folie auf dein Schnittteil auf dem Schnittmusterbogen. Stecke es fest. Zeichne das Schnittmuster auf der Folie nach und übertrage alle Beschriftungen und Striche (Markierungen). Nimm die Folie wieder ab, schneide das Schnittmuster darauf aus und lege es auf deinen Stoff (IIIa). Beachte Fadenlauf und Webkante. Wie die Schnittteile aussehen, siehst du auf dem Zuschneide-plan, den du jeweils unter den Materialangaben findest.

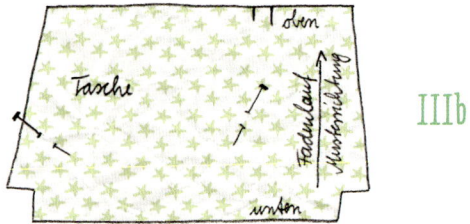

IIIb

Stecke die Folie auf dem Stoff fest und umrande sie. Schneide den Stoff aus (IIIb). Übertrage die Markierugen.

**SCHNITTMUSTER DIREKT AUF DEN STOFF ZEICHNEN**

Zeichne die Maße der Schnittteile direkt auf deinen Stoff (IIIc). Wie die Schnittteile aussehen, siehst du auf dem Zuschneideplan, den du jeweils unter den Material-angaben findest. Versuche so genau wie möglich zu messen. Beachte Fadenlauf und Webkante. Übertrage die Markierungen.

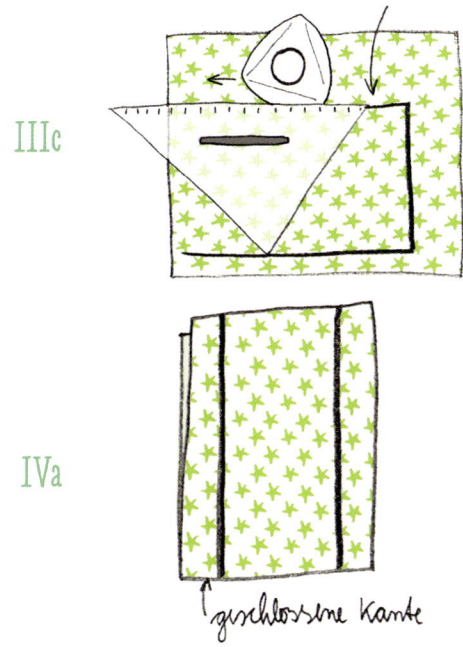

IIIc

## IV Stoffbruch

**STOFF LIEGT DOPPELT**

Zeichne oder lege dein Schnittmuster so auf den Stoff, dass die Seite mit der Markierung „Stoffbruch" an der geschlossenen Kante anliegt (IVa).

Sobald du es nach dem Ausschneiden aufklappst, ist es doppelt so groß.

**DOPPELTER STOFFBRUCH**

Schlage den Stoff oben und unten so um, dass die Webkanten in der Mitte zusammenstoßen. Lege das Schnittteil zuerst unten an den Stoffbruch und zeichne es nach. Drehe es nun um und lege es an den oberen Stoffbruch (IVb). Dieses Schnittteil ist jetzt spiegelver-kehrt zum unteren. Das erkennst du auch gut auf dem Zuschneideplan.

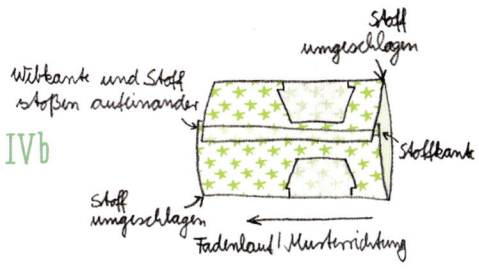

IVa

geschlossene Kante

IVb

## V Markierungen übertragen

Markierung einschneiden bei Schnittmuster auf Folie. Schneide den Stoff an den kleinen Strichen auf deinem Schnittmuster (Folie) 0,5 cm ein (V).

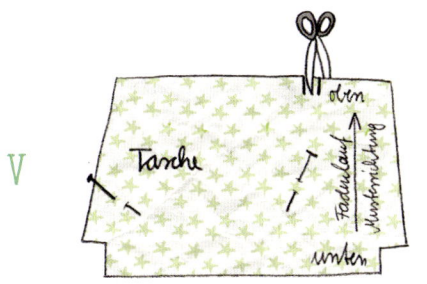

V

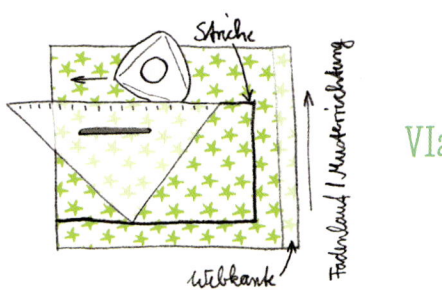

Striche

Fadenlauf / Musterrichtung

Webkante

VIa

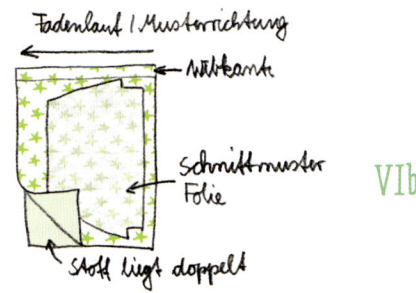

Fadenlauf / Musterrichtung

Webkante

Schnittmuster Folie

Stoff liegt doppelt

VIb

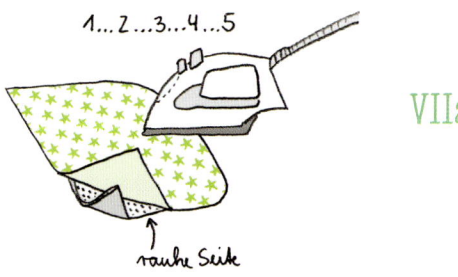

1...2...3...4...5

rauhe Seite

VIIa

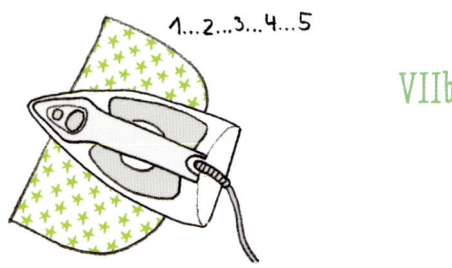

1...2...3...4...5

VIIb

## VI Stoffteile zuschneiden

**STOFF LIEGT EINFACH**

Zeichne direkt auf den Stoff oder übertrage das Schnittmuster von der Folie (VIa). Achte auf den Fadenlauf und die Webkante. Du schneidest nur ein Stoffteil zu.

**STOFF LIEGT DOPPELT**

Die Webkanten liegen aufeinander. Zeichne direkt auf den Stoff oder übertrage das Schnittmuster von der Folie (VIb). Achte auf den Fadenlauf und die Webkante. Du schneidest gleichzeitig zwei Stoffteile zu.

## VII Volumenvlies

Dein Stoffteil liegt mit der nicht schönen Seite vor dir. Lege das Volumenvlies mit der rauen Klebeseite auf deinen Stoff. Drehe den Stoff auf die schöne Seite. Stelle das heiße Bügeleisen auf den Stoff und zähle zügig bis fünf. Beginne am Rand (VIIa).

Schiebe dein Bügeleisen weiter, dorthin, wo das Volumenvlies noch nicht angebügelt ist. Zähle wieder bis fünf (VIIb).

Mache das so lange, bis das ganze Volumenvlies angebügelt ist. Falls es nicht hält, bügle es noch einmal.

## VIII Bügelvlies

Dein Stoffteil liegt mit der nicht schönen Seite vor dir.
Lege das Bügelvlies mit der glänzenden Klebeseite
zuerst auf den Stoff. Stelle das heiße Bügeleisen auf das
Bügelvlies und zähle zügig bis fünf. Beginne am Rand
**(VIIIa)**.

Schiebe dein Bügeleisen weiter, dorthin, wo das Bügelvlies noch nicht angebügelt ist. Zähle wieder bis fünf
**(VIIIb)**.

Mache das so lange, bis das ganze Bügelvlies angebügelt ist. Falls es nicht hält, bügle es noch einmal.

## IX Boden nähen

Ziehe die Ecken auseinander **(IXa)**.

Lege die offenen Kanten aufeinander und stecke sie mit
zwei Stecknadeln quer fest **(IXb)**.

Nähe entlang der Kante (1 cm Nahtzugabe) **(IXc)**.
Vernähe am Anfang und am Ende.

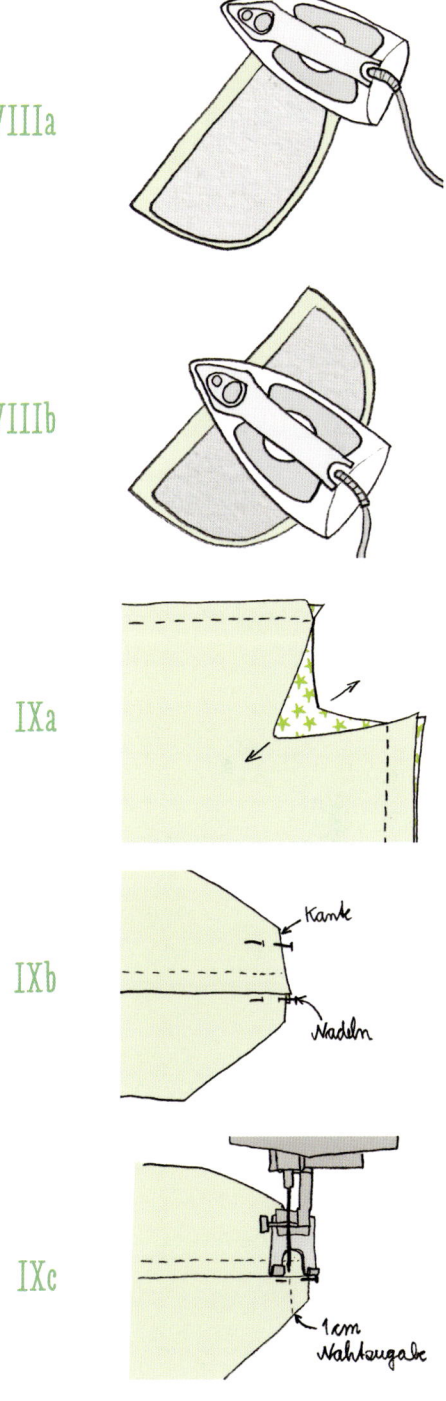

VIIIa

VIIIb

IXa

IXb

Kante

Nadeln

IXc

1cm Nahtzugabe

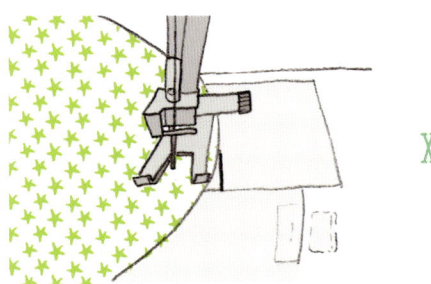

X

## X Rund nähen

Wenn der Stoff rund ist, achte beim Nähen oben am Nähfüßchen immer darauf, dass der Stoffrand an dem Strich der Nahtzugabe anliegt (X).

Wenn nicht, senke deine Nähnadel in den Stoff, hebe dein Nähfüßchen und drehe den Stoff wieder an den Strich der Nahtzugabe.

Naht

Nadel steckt im Stoff

XI

## XI Um die Ecke nähen

Stoppe das Nähen 1 cm vor dem Stoffende. Drehe mit dem Handrad die Nähnadel in den Stoff. Hebe dein Nähfüßchen. Drehe den Stoff um 90 Grad.

Senke das Nähfüßchen und nähe weiter.

XII

## XII Ecken schräg abschneiden

Schneide nach dem Nähen die Ecken schräg ab (XII). Achtung: Schneide aber nicht in die Naht rein!

 **Henkel, Gurt und Schlaufe**

Der Stoff liegt mit der nicht schönen Seite vor dir. Schlage eine lange Seite um, bis die Kanten aufeinanderliegen, und bügle die Knickfalte (**XIIIa**).

Klappe den Stoff auf. Lege eine lange Seite bis zur Bügelkante um und bügle erneut die Knickfalte (**XIIIb**).

Mache das Gleiche mit der anderen Seite. Schlage eine lange Seite ein weiteres Mal um, bis die Kanten aufeinanderliegen, und bügle noch einmal (**XIIIc**).

Nähe an der offenen Kante mit einer Nahtzugabe von 0,5 cm entlang (**XIIId**). Vernähe am Anfang und am Ende.

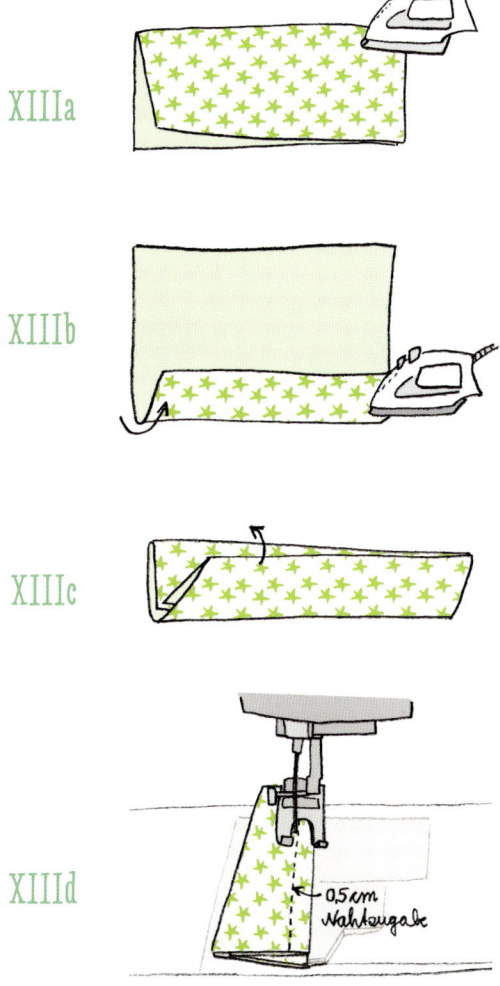

95

**Danke! Danke!** Ein riesengroßes Dankeschön an unsere Fotokinder Frieda und Hannah, die mit guter Laune, Lachen und Geduld die Shootings gemeistert haben.

**Petra Früh,** 1971 in Münster geboren, wurde in frühester Kindheit von der Welt des Nähens verzaubert. Dies führte 2012 zur Eröffnung ihrer Nähschule „fein gefädelt", in der sie Jung wie Alt die Kunst des Nähens lehrt und vermittelt. Nachdem aus ihrer langjährigen Erfahrung 2016 das erfolgreiche Buch „Das Kinder-Nähmaschinen-ABC" entstanden ist, folgt nun ihr zweites Buch voller toller Ideen.

**Impressum**

Alle Tipps und Informationen in diesem Buch sind sorgfältig ausgewählt und geprüft. Dennoch können weder Urheber noch Verlag eine Garantie übernehmen. Eine Haftung für Personen-, Sach- und Vermögensschäden ist ausgeschlossen.

Haftungsausschluss für Links
Urheber und Verlag haften nicht für Schäden, die durch das Aufrufen der im Buch aufgeführten Internetseiten oder die Verwendung ihrer Inhalte entstehen. Web-Links können sich ändern oder veralten. Für alle im Buch aufgeführten Internetseiten, deren Inhalte und ihre technische Sicherheit sind ausschließlich deren Betreiber verantwortlich.

MIX
Papier aus verantwortungsvollen Quellen
FSC® C002795

5 4 3 2 1    22 21 20 19 18
ISBN 978-3-649-62696-1
© 2018 Coppenrath Verlag GmbH & Co. KG,
Hafenweg 30, 48155 Münster, Germany
CH: Baumgartner Bücher AG, Centralweg 16, 8910 Affoltern a. A.
Alle Rechte vorbehalten, auch auszugsweise

Fotos: Leonie Ebbert, www.knirpseknipsen.de
Illustration: Lucie Göpfert, www.luciegoepfert.de
Layout & Satz: Stefanie Wawer, www.stefaniewawer.de
Lektorat: Regina Herr

Printed in Latvia

www.coppenrath.de
www.100-prozent-kreativ.de